Souvenirs d’un apatride

Daniel Cohn-Bendit
avec Marion Van Renterghem

Souvenirs d'un apatride

Mialet-Barrault Éditeurs
3, place de l'Odéon
75006 Paris

www.mialetbarrault.fr

ISBN : 978-2-0804-6967-0

En 2025, en dépit des apparences et de toute vraisemblance, Dany Cohn-Bendit aura 80 ans. Depuis le temps qu'on l'entend commenter, s'indigner, applaudir, conseiller, parler à l'oreille des puissants et débattre avec tout le monde, on croit tout connaître de lui, cette figure si familière des médias et des débats publics, entrée dans la vie quotidienne des Français un certain mois de mai 1968, qui a participé ensuite à la politique allemande dans les années 1970 et 1980 avant de bousculer le Parlement européen où il a été député pendant vingt ans. Mais on ne sait rien du regard qu'il porte sur sa vie politique, littéralement exceptionnelle, et sur ses engagements depuis l'adolescence des deux côtés du Rhin.

Dans cette biographie réflexive et intellectuelle, Dany se raconte pour la première fois. Il va chercher dans les événements qui ont marqué son presque-siècle l'explication de ses engagements. La préhistoire de ses parents, émigrés juifs allemands, à l'origine de son identité nomade. Le statut d'icône de Mai 68 dont il a joui autant qu'il en a souffert. Son rôle dans les expérimentations de la nouvelle société allemande et dans l'évolution des Verts. Sa folie du foot et son soutien inconditionnel à l'équipe de France contre la Mannschaft, sans qu'il ait jamais su vraiment pourquoi. Son enracinement apatride et sa pensée du « En même temps », qui le saisissent autant face à la guerre en Israël qu'ils l'ont mené à s'emballer – fugitivement – pour Emmanuel Macron.

Dany Cohn-Bendit s'interroge ici sur ses succès, sur ses erreurs, sur le monde d'aujourd'hui, sur ses rencontres avec les hommes et les femmes politiques qui ont écrit l'histoire contemporaine, sur ses relations contradictoires avec les grands de l'Europe, de Schröder à Sarkozy, de Merkel à Hollande et Macron. Et aussi sur tous ces Danys qui se superposent. Dany le Rouge, Dany le Vert, Dany le Juif. Jamais tout à fait rouge, ni tout à fait vert, ni tout à fait juif, en tous cas libre et libertaire.

L'homme qui a toujours cru le bonheur possible est un Juif allemand franco-européen, acteur et commentateur de la vie politique des deux pays auxquels il appartient, dont la vie est le reflet de l'histoire mouvementée des quatre-vingts dernières années. Car Dany Cohn-Bendit est à lui seul une histoire de la France, une histoire de l'Allemagne, une histoire de l'Europe.

M.V.R.

1

De Moissac à Gaza

La première fois que Daniel Cohn-Bendit a ouvert les yeux, il n'était ni français, ni allemand, et à peine juif. Ses parents n'avaient plus de passeport. Il lui faudra même à lui des années avant d'en obtenir un, et davantage encore pour comprendre son lien mystérieux à des racines dispersées dont il ne voulait pas voir à quel point elles le définissaient. Il en a gardé une détestation profonde pour les revendications nationales ou identitaires, comme pour tout ce qui pourrait le réduire à une seule partie de lui-même. L'enfant qui, conçu entre le débarquement des Alliés et la libération de Paris, naît par le hasard de l'histoire à Montauban, sous le soleil d'Occitanie, refuse de se laisser enfermer dans quoi que ce soit et est d'un tempérament heureux.

Dany est né avec l'optimisme, le 4 avril 1945, dans l'enthousiasme du nazisme vaincu. Comme si sa date de naissance, point de départ de la réconciliation franco-allemande et de la plus longue période de paix sur le continent européen, l'avait installé dans la conviction que l'imagination politique peut faire du mal un mieux. Quand je suis inquiète d'une élection ou de la tournure du monde, j'appelle Dany. Il a toujours une idée. Les difficultés le stimulent. Il n'est pas naïf, il est confiant.

Le 7 octobre 2024, il m'a semblé que pour la première fois, il ne l'était plus. Peu après l'entreprise exterminationniste du Hamas en Israël, Dany m'a dit : « Aujourd'hui, je ne suis plus que juif. » Partout dans le monde, les Juifs avaient peur. Les paroles et les actes antisémites explosaient. Provoqués et exacerbés par le 7 octobre bien avant la riposte israélienne, comme exaltés par le pogrom lui-même. Dany redevenait le Juif qu'il était avant sa naissance, l'enfant injustement joyeux de ses parents persécutés. Et parce qu'il n'était plus que juif, il devenait aussi un Palestinien de Gaza sous les bombes, sans nulle part où s'enfuir. Il dénonçait les massacres commis par un Netanyahou en roue libre, qui transmuait une défense légitime en opération sanguinaire, sans objectif politique réaliste ni souci du jour d'après. Donald Trump, depuis, s'est emparé du sujet. Et lui, Dany, revient presque à son point de départ. Il est, comme il dit, « un Juif qui tourne en rond ».

Le lendemain du 7 octobre, je me suis trouvé à ruminer une phrase dans ma tête : « Nous, les Juifs, nous sommes seuls. » Jamais je n'avais formulé une phrase pareille. Jamais je n'avais pensé « nous » en parlant des Juifs. Et tout d'un coup, je n'étais plus que juif parce que je devais me résoudre à cette évidence : à part les Juifs, très peu de gens étaient traumatisés. Ce qui s'est passé ce jour-là, on n'imaginait pas que c'était possible. Je ne sais même pas comment le qualifier, car le mot « pogrom » s'applique à l'attaque d'une minorité par une majorité, ce qui n'est pas le cas. Des gens surexcités sont entrés dans les maisons pour assassiner, violer les femmes devant leurs parents ou leurs enfants, décapiter. Il y a une dimension sadique unique qui devrait faire hurler. Et il faut bien constater que ça ne touche pas. Des cris d'indignation ? Quelques-uns. A-t-on entendu des musulmans crier « Hamas, pas en notre nom » ? La manifestation contre l'antisémitisme à Paris n'a pas déplacé plus de 100 000 personnes, âgées et blanches. La majorité du monde est indifférente à ce malheur du 7 octobre, qui renvoie à la Shoah et aux pogroms de l'histoire. Les hommes du Hamas ont massacré les jeunes Israéliens des kibboutzim ou de la rave party qui s'étaient cachés dans des containers, comme les Einsatzgruppen aux abords du ravin de Babi Yar à Kyiv, en Ukraine, le plus grand massacre de la Shoah par balles. Dans ma tête, ce jour-là, c'est toute l'histoire des massacres des juifs qui remontait à la surface, combinée à l'effroi que cela ne suscite pas une indignation à la mesure du drame. Je me suis senti renvoyé à cette solitude.

Ce jour-là, j'ai ressenti cette idée qu'a exprimée Claude Lefort dans son livre sur Soljénitsyne, Un homme en trop *: cette idée que les Juifs, quoi qu'ils fassent ou qu'ils disent, sont toujours en trop. Je repense* *à la conférence d'Évian de juillet 1938 pour venir en aide aux réfugiés juifs allemands et autrichiens qui fuyaient le nazisme, peu après l'Anschluss. Elle ne débouche sur rien. Un an après, en mai 1939, le bateau* Saint-Louis *part de Hambourg avec près de 10 000 Juifs qui fuient le Troisième Reich. Des États-Unis au Canada, les pays rejettent les uns après les autres le bateau. Ils disent : « On ne peut plus accueillir les Juifs, il y en a trop. » Il y a trop de Juifs ! Les Américains n'en veulent pas et le renvoient vers Cuba, qui n'en veut pas et le dirige vers l'Amérique latine, qui le refuse et lui suggère d'essayer le Canada. Au Canada, le bateau n'est pas accepté non plus et il revient à Hambourg. L'histoire du* Saint-Louis *est symbolique. Le 7 octobre a déclenché en moi une angoisse longuement refoulée : il y a trop de Juifs. Les 16 millions de Juifs (huit en Israël, huit dans le reste du monde) ne font que déranger. Donc je dérange. Et comme, en plus, je me refuse à justifier le gouvernement israélien et l'occupation de la Cisjordanie, je suis pris dans un engrenage infernal.*

Maintenant, je suis un Juif qui tourne en rond. Un Juif du doute qui, de plus en plus, ne se reconnaît nulle part. Au slogan « From the river to the sea » *des militants pro-palestiniens qui, consciemment ou non, appellent à rayer Israël et sa population de la carte, répond le gouvernement de Netanyahou devenu fasciste, avec ses ministres racistes et colonisateurs qui crient* « From the sea to the river, the land is jewish ». *Cinglés de tous les pays, unissez-vous… Les massacres de masse commis par Israël à Gaza, l'extension permanente de la colonisation en Cisjordanie, les bombardements quotidiens au Liban sont aussi insupportables. Les rêves de « Riviera » à Gaza et autres folies que peuvent imaginer tous les Trump du monde ne changeront rien à cette donnée fondamentale : il n'y aura pas de perspective de paix sans une solution à deux États. Qui est propalestinien doit être pro-israélien, qui est pro-israélien doit être propalestinien.*

Je ressens profondément les deux légitimités, israélienne et palestinienne, et je m'inquiète de constater qu'elles sont totalement étanches. Des deux côtés, chacun est arrivé au bout d'une logique du « C'est eux ou nous », où il n'y a plus qu'à choisir son camp. Plus personne ne s'écoute, plus personne ne veut même s'entendre. Et moi, je me sens coincé entre ces deux modes de pensée, aussi légitimes que fous l'un et l'autre, et qui s'entrechoquent.

Dany a vécu quatre-vingts ans et il commence seulement, depuis quelques années, à s'interroger sur son identité juive. Le 7 octobre, tombé au milieu de ses questionnements, lui a fait revisiter son histoire. Des décisions passées de sa vie politique lui sont apparues soudain cohérentes avec ses identités enfouies comme le fut, en particulier, sa position en faveur d'une intervention militaire en Bosnie. Comment le maire adjoint de Francfort qu'il était alors, à la fois allemand, de gauche et militant du parti Vert, donc triplement pacifiste, a-t-il pu conduire le pays et son propre parti à une intervention militaire essentiellement impensable ? L'européen qu'il était l'emportait. Le Juif en lui se réveillait, qui lui soufflait à l'oreille, sans aucune alternative possible : « Plus jamais ça » – plus jamais de guerre en Allemagne, plus jamais de soldats allemands hors de l'Allemagne. Comment, au nom du « plus jamais ça », laisser les Bosniaques se faire massacrer, comme la « banalité du mal » décrite par Hannah Arendt avait incité les Européens à le faire à l'égard des Juifs ? Comment, au nom du « plus jamais ça », laisser se reconstituer des camps de concentration à une heure de vol de Paris, Francfort ou Berlin ?

Cette part juive de son identité, Dany l'avait plus ou moins volontairement mise de côté pendant un demi-siècle d'engagements politiques pour l'Europe, pour la gauche et pour l'écologie, alternativement au sein du parti des Verts français et des Verts allemands. Il ne se sentait pas davantage concerné par Israël, auquel son père ne s'intéressait pas et où sa mère l'avait envoyé travailler dans un kibboutz en 1963, le temps d'un été, quand il avait 18 ans. La religion ne jouait aucun rôle dans la famille même si sa mère, sioniste de gauche, allait de temps en temps à la synagogue, fêtait Yom Kippour et Pessah, et bien qu'elle ait travaillé continûment, depuis son émigration d'Allemagne en 1933, avec et dans les institutions juives. Elle avait même exigé la présence d'un rabbin pour son mariage en 1934, malgré les grognements de son futur époux. Au moment où

Dany commençait à devenir l'icône de la révolte étudiante de Mai 68, il n'avait pas non plus attaché d'importance particulière aux deux éditoriaux qui avaient déclenché l'indignation collective, signés respectivement par deux figures encore peu connues du grand public mais en passe de devenir des personnages hauts en couleur de la vie politique française.

Le 2 mai 1968, c'est un certain Jean-Marie Le Pen qui ouvrait la danse. Il n'avait pas encore fondé le Front national mais on le repérait à son bandeau de pirate sur l'œil gauche. L'ancien para des guerres d'Indochine et d'Algérie, entré en politique aux côtés de Pierre Poujade et qui avait dirigé la campagne de l'avocat d'extrême droite Jean-Louis Tixier-Vignancour pour l'élection présidentielle de 1965, écrivait alors une tribune dans le magazine *Minute* : « Ce Cohn-Bendit, parce qu'il est juif et allemand, se prend pour un nouveau Karl Marx, lâchait-il. Il doit être pris par la peau du cou et reconduit à la frontière sans autre forme de procès. » Le lendemain, c'était au tour de Georges Marchais, un second couteau du Parti communiste français qui n'en était pas encore le célèbre secrétaire général, de prendre la plume contre cette révolte étudiante. Il signait l'éditorial de *L'Humanité*, le quotidien du Parti, pour fustiger ces « groupes folkloriques » de gauchistes agités, ces « faux révolutionnaires » sacrilèges, dépourvus de tout respect envers Moscou autant que de révérence à la bonne vieille discipline stalinienne. Et en particulier leur leader très agaçant qui provoquait le prolétariat français, « l'anarchiste allemand Cohn-Bendit ».

En deux jours, un étudiant de Nanterre né en France, Daniel Cohn-Bendit, se retrouvait ainsi assigné à une identité allemande, étrangère, juive. Juif explicite pour l'un, Juif sous-entendu pour l'autre. Suspect pour l'un comme pour l'autre d'appartenir au « parti de l'étranger », selon la formule en vigueur, alors même que le ministère français de l'Intérieur avait fait savoir que le jeune perturbateur était « indésirable en France » et qu'il se ferait refouler aux postes-frontières. Le 22 mai 1968, un cortège d'étudiants ni juifs ni allemands se mettait en marche depuis la place Saint-Michel en direction du Palais-Bourbon contre l'expulsion de Daniel Cohn-Bendit, en s'appropriant par solidarité l'identité qui lui était renvoyée comme une insulte, à coups de ces formules inventives dont regorgeait le mois de mai et qui sonnent aujourd'hui comme des « Je suis Charlie » avant la lettre : « Nous sommes tous des étrangers », « Nous sommes tous indésirables », « Nous sommes tous des Juifs et des Allemands », « Nous sommes tous des Juifs allemands ». Mais même en entendant ce dernier slogan, pourtant l'un des plus célèbres de la Ve République, Dany le Rouge se sentait toujours aussi peu concerné.

Des années plus tard, au Parlement de Strasbourg, j'avais assisté à une scène étrange. C'était en 2008, lors d'une session plénière, pendant la présidence française de l'Union européenne. Nicolas Sarkozy était président de la République et il avait pris sa place, en bas à droite de l'hémicycle. Face à lui, les membres de la Commission. Au milieu, sur le perchoir et face aux députés, le président du Parlement et son équipe. Ça gigote, ça s'installe, ça bavarde. Je les observe depuis les tribunes de la presse, tout en haut. Je suis étonnée que Dany Cohn-Bendit, ennemi déclaré de Nicolas Sarkozy, quitte sa place en direction des membres de la délégation française – Président, ministres, ambassadeurs, sherpas. Je le vois qui s'attarde longuement à discuter avec le conseiller diplomatique de l'Élysée, le très distingué Jean-David Lévitte, nettement plus encravaté que lui. Ils discutent. Ça dure, ça fait des grands gestes, ça rigole. Et chez ces deux-là, c'est une habitude. « Chaque fois qu'il me voyait avec Lévitte, raconte Dany, Sarko me disait : “Ah, vous êtes en train de vous raconter vos histoires de 1945 !” » À Jean-David Lévitte, je demanderai plus tard :

« Mais qu'est-ce que vous pouvez bien avoir à vous raconter ? Étudiants, Dany était anarchiste et vous, maoïste. Adultes, lui est resté de gauche, libéral-libertaire écologiste et vous, passé dans la famille gaulliste. Alors ?

— Nous ne nous sommes jamais fréquentés, nous avons toujours été dans des camps opposés, me répond-il alors. Mais chaque fois que nous nous nous voyons, nous célébrons une intimité liée : nous partageons les mêmes convictions européennes. Et surtout nous sommes, par nos parents, des anciens de Moissac. »

Moissac, Tarn-et-Garonne. L'explication du mystérieux échange au Parlement européen remonte aux années de l'Occupation, quand le père et l'oncle de Jean-David Lévitte avaient participé à la création d'un réseau pour récupérer les enfants juifs qui se retrouvaient sans parents. Il fallait dénicher un lieu en zone libre. Erich et Herta Cohn-Bendit avaient jeté leur dévolu sur cette petite ville de Moissac pour leur fils Gabriel, pendant qu'eux se cachaient dans les environs, près de Montauban qui avait la réputation de recueillir les réfugiés espagnols. Ils s'appelaient Delpioux, le nom figurant sur les papiers émanant d'une mairie belge qui avait brûlé pendant la guerre et qu'ils avaient recuperés. Entre 1939 et 1942, environ 500 enfants juifs étaient admis dans les écoles de Moissac et recevaient une éducation juive dans « le Moulin », une structure au bord du fleuve. Protégés par la population, autorisés à vivre leur judaïsme au grand jour. Après l'Occupation de la zone sud, en 1942, les 500 enfants ont été répartis dans toutes les familles de Moissac et des campagnes environnantes. Aucun n'a été dénoncé. Les parents Cohn-Bendit, militants de gauche, Juifs allemands exilés d'Allemagne en 1933 et devenus clandestins à Montauban, s'activaient avec les parents Lévitte pour cacher les enfants de Moissac. Gaby (Gabriel), le frère de Dany né en 1936, était l'un de ces enfants. Dany, lui, est arrivé à la fin de la guerre, neuf mois après le Débarquement.

Gaby a élevé Dany, le petit frère dont il était l'aîné de neuf ans. Dany a tout appris de Gaby. La révolte, le militantisme, la politique. Mais sur leur identité profonde qui leur était pourtant commune, ils ne sont jamais tombés d'accord. Ils étaient aussi roux l'un que l'autre, ils ont blanchi ensemble. À côté de l'aîné, qui a gardé jusqu'au bout sa barbe hirsute et ses gros sourcils, le cadet a l'air de n'avoir jamais passé le cap de l'adolescence. Un jour de juin 2018, à l'hôtel parisien où Dany a ses habitudes, les deux frères ont parlé de leurs parents. Inévitablement, ils sont aussitôt repartis dans l'une de leurs éternelles engueulades sur les Juifs, sur Israël, sur la judéité – ou non – de leurs parents, dont ils n'ont pas les mêmes souvenirs.

Dany : L'autre jour, dans une librairie, j'ai rencontré une femme qui était avec les parents à Moissac. Elle m'a parlé de notre père, j'ai tout noté sur un carnet.

Gaby : C'est vrai qu'on ne sait pas grand-chose de papa. Avant la guerre, à Berlin, il était proche des milieux d'extrême gauche et en tant qu'avocat il défendait des communistes. Au moment où il s'est exilé pour la France en 1933, il n'avait rien à voir avec les milieux juifs. Mais quand il est revenu en Allemagne après la guerre, il s'est occupé des dossiers de restitution de biens et il est devenu l'avocat de la communauté juive. Si on résume, il est parti d'Allemagne en tant qu'homme de gauche laïque avant la guerre, et il y est revenu en tant que juif après !

Dany : Notre mère, c'est le contraire. À Berlin elle a fait ses études de droit dans un milieu juif. Elle s'est surtout intégrée dans la communauté juive.

Gaby : Non, non, elle faisait ses études dans un milieu juridique, pas du tout juif. Elle était née à Poznan et, comme presque toute la communauté juive germanophone, sa famille avait dû quitter cette ville de la frontière allemande quand elle est devenue polonaise, en 1918. Ils se sont alors installés à Berlin. Mais c'est vrai qu'on était plus pratiquants chez les David que chez les Cohn. Dans la famille de notre mère, on respectait la cashrout, on allait à la synagogue. Elle est restée fidèle à la tradition juive, mais notre père a dû l'emporter puisqu'on n'a jamais mangé casher ni fréquenté la synagogue. Lui était mécréant, radicalement humaniste et préférait à tout la littérature et le droit.

Dany : Ils étaient tous les deux laïques mais maman était liée au milieu sioniste, elle voulait aller en Israël, elle pensait aller en kibboutz. Sa sœur est partie en 39 en Palestine.

Gaby : En tout cas ni toi ni moi ne sommes circoncis. Ils étaient d'accord là-dessus.

Dany : J'ai revu Gisela. L'amante de notre père après son retour en Allemagne en 1950. Une goy. Elle m'a raconté que quand il est revenu à Francfort après la guerre, il est allé au Frankfurter Hof, le grand hôtel de la ville. Il a dit : « Est-ce que maintenant les Juifs ont le droit d'avoir une chambre ici ? » Il a ouvert son cabinet d'avocat, il a pris contact avec des gens de la communauté juive et on lui a donné le dossier de la restitution des biens. Francfort ne voulait pas payer. Gisela m'a dit que c'est lui qui a construit le dossier et défendu la communauté juive, et qu'en même temps la communauté juive lui tapait sur le système. Je me reconnais assez, là.

Gaby : Je n'ai pas le souvenir qu'ils aient voulu nous transmettre quoi que ce soit concernant la judéité. Notre père, c'est sûr : rien. Notre mère n'était pas du tout religieuse. Son côté sioniste, c'était plutôt un très vague désir d'aller en Israël.

Dany : Mais pas du tout ! Elle voulait absolument que je fasse ma bar-mitsvah et je ne voulais pas. Elle a tout essayé : « Tu auras des cadeaux… » Et moi je répondais : « Les cadeaux, j'en aurai de toute façon. » Et j'ai gagné, je n'ai pas fait ma bar-mitsvah. Mais elle adorait célébrer les fêtes juives, elle chantait à Pourim, elle a voulu que j'apprenne « un peu de religion juive », comme elle disait, que j'aille aux éclaireurs juifs. J'y ai été une semaine avec Hashomer Hatsaïr [mouvement de jeunesse sioniste de gauche]. Et après deux semaines, j'ai dit : « Je ne veux plus. Je ne vois pas pourquoi je porterais un uniforme. »

Gaby : Je suis dans une bagarre avec la judéité, qui a évolué au fil du temps. Être juif, ce devrait être une religion, et c'est en fait un truc racial. Tu es juif quoi que tu penses et quoi que tu dises. Et ça, pour moi, ça ne veut rien dire. Je suis coincé. Pour l'antisémite je suis un juif. Pour la communauté, je ne le suis pas. Conclusion, je suis mauvais pour les deux. Celui qui naît dans une famille qui est catholique traditionaliste depuis des générations, il peut en sortir. Juif, tu ne peux pas. C'est pas supportable. Ça ne devrait pas me concerner.

Dany : Tu n'arrêtes pas d'en parler. Tu vois bien que ça te concerne.

Gaby : Parce que j'en ai fait un combat. La manière dont on nous renvoie à une identité comme à une nationalité m'exaspère. Je suis né français et toi allemand apatride, parce qu'on ne t'a pas naturalisé à la naissance. Ma nationalité française pour moi ne veut rien dire, et mon identité juive je ne sais pas ce que c'est. Au contraire, quand j'étais trotskyste, c'est moi qui ai décidé de penser et de dire les pires conneries. Et une fois que j'ai décidé de m'émanciper du trotskysme, personne ne me traitait de trotskyste.

Pendant longtemps j'ai dit un peu la même chose. Je croyais que je n'étais juif qu'au sens sartrien, tant que les antisémites me rappellent que je le suis. Ça allait avec la naïveté de penser qu'il n'y aurait plus d'antisémitisme, ou seulement à la marge. Or l'anti-

sémitisme ressurgit toujours. En 1968, en Pologne, il n'y avait plus que 2 000 Juifs et il y a eu une vague d'antisémitisme. C'est partout pareil et chaque fois que ça ressurgit, je suis effaré. Or tant qu'il y a de l'antisémitisme, je suis juif.

Je suis hanté depuis longtemps par l'enfant juif de Varsovie, celui qui apparaît sur la célèbre photographie prise par un auteur inconnu, lors du soulèvement du ghetto en 1943. Il se tient un peu écarté et légèrement en avant d'un petit groupe de femmes, d'hommes et d'enfants à l'air effrayé qui sortent de leur refuge, au moment de la liquidation finale du ghetto, devant des soldats allemands en armes. Il porte une casquette et tient ses mains en l'air pendant qu'un SS pointe un pistolet-mitrailleur dans sa direction. Après la photo, on sait que le garçon et tout le groupe ont été déportés aux camps d'extermination de Majdanek et de Treblinka. Cet enfant, ça aurait pu être Gaby, qui avait 7 ans en 1943. Ou moi, si j'étais né un peu plus tôt. Il a été arrêté parce qu'il était juif, comme nous. Ce garçon, qu'on le veuille ou non, c'est notre histoire.

Mon frère Gaby est mort le 17 décembre 2021. Je ne suis ni plus circoncis ni moins mécréant que lui mais je me retrouve submergé par cette identité, par mon identification à ceux qui ont cru dans la promesse d'Israël de leur offrir, après la Shoah, la sécurité et la protection, par mon malaise face à cet État qui suscite en moi empathie et répulsion.

J'ai partagé ce malaise avec un homme qui est devenu, au fil des années, mon idole. Un juste qui n'a politiquement jamais failli, qui fut en 1944 l'un des commandants de la révolte du ghetto de Varsovie, un héros de la résistance juive qui a toujours refusé d'être un héros et dont le modèle m'a toujours accompagné dans la recherche de mon identité. Cet homme, c'est Marek Edelman. Du ghetto où il avait appris à parler le polonais, lui qui ne connaissait que le yiddish, il disait que tous les Juifs qui y étaient parqués étaient des héros qui voulaient vivre. Il arrivait même à raconter, avec une légèreté touchante, l'amour dans le ghetto. Et son éducation de combattant, laquelle s'est faite naturellement quand, pendant les années 1930, il devait castagner dans la rue avec les forces d'autodéfense juive, contre les antisémites polonais d'extrême droite et les communistes staliniens qui voulaient anéantir le Bund, l'organisation socialiste juive autonome.

Marek a réussi à survivre à l'anéantissement de la résistance du ghetto et à participer à la libération de Varsovie. Après la guerre, il a refusé d'émigrer en Israël, ne voulant pas laisser sa Pologne aux mains des antisémites encore nombreux. Après les événements de 1968 en Pologne et la vague d'antisémitisme qui a suivi, organisée par le Parti communiste polonais, Marek, devenu chirurgien, a participé avec Adam Michnik, Jacek Kuroń, Karol Modzelewski et beaucoup d'autres à un regroupement d'intellectuels qui a préparé et plus tard influencé théoriquement le mouvement Solidarność. En 1993, Marek s'est retrouvé naturellement du bon côté de l'histoire, en se rendant à Sarajevo pour soutenir les musulmans bosniaques dans leur combat contre l'agression serbe. Dans les années 1970, il a publié dans le New York Times *et dans* Le Monde *une lettre ouverte aux Israéliens et aux combattants palestiniens. Il y défendait la raison d'être de l'État d'Israël et le droit des Palestiniens à lutter pour leur émancipation nationale. La lettre se termine par cette phrase : « Dans notre combat dans le ghetto de Varsovie, nous n'avons jamais tué ou assassiné les mères et les enfants allemands. » Il se prononçait contre toute stratégie terroriste. Marek a été un révolutionnaire qui aimait la vie et les femmes, sûrement d'une manière un peu* old school. *Il a été un médiateur quand il le fallait avec une sensibilité à toute épreuve pour les perdants de l'histoire et se retrouvait toujours du bon côté. Comme on dit en yiddish, c'était un* Mensch. *Je rêve de temps en temps de trouver un réalisateur pour m'aider à tourner un blockbuster sur la vie de Marek Edelman. Depuis une dizaine d'années, j'assimile mon identité juive à la sienne.*

À 80 ans, moi le Juif de la diaspora né apatride le 4 avril 1945 à Montauban, qui ai l'habitude de me dire « ni sioniste, ni antisioniste, mais asioniste », ou encore « pas indifférent, mais pas envoûté par la cause de l'État juif », je pense à ma mère. Maman, tu m'as enfanté juif. Pour toi, la judéité allait de soi. Tu l'as vécue intensément sans être particulièrement liée à la religion. Aujourd'hui, je m'interroge : peut-on ne pas être juif quand on l'est par naissance ? Comment être juif sans l'être vraiment, tout en ignorant qu'on l'est au plus profond de soi-même ? Je deviens juif, mais pas seulement au sens sartrien. Depuis un certain temps, je n'ai même plus besoin des antisémites. Même s'il m'est difficile de définir exactement ce que cela veut dire, je suis juif.

2

Préhistoire d'un apatride

Erich Cohn-Bendit et Herta David ont débarqué à la gare de l'Est en mars 1933, à quelques jours d'intervalle. Leur histoire d'amour vient alors à peine de commencer, dans l'angoisse du Berlin des années noires et de l'ascension du nazisme qu'ils croient encore résistible, au cours des jours suivant ce 31 juillet 1932 où le Parti national socialiste des travailleurs allemand (NSDAP) devient le premier groupe parlementaire. Hitler ne parvient pas à obtenir la majorité absolue des électeurs mais il entame sa mise au pas de l'Allemagne. Six mois plus tard, dans la nuit du 30 janvier 1933, les milliers de paramilitaires nazis (SA) qui défilent à Berlin sur l'avenue Unter den Linden marquent le début de la chasse aux opposants. Les Juifs et les communistes sont en première ligne. Des listes de noms circulent.

Herta a 25 ans, elle termine ses études de droit. Erich est avocat, juif, de gauche, révolutionnaire non léniniste dans la tradition de Rosa Luxembourg. Proche des milieux communistes sans l'être lui-même, il soutient l'USPD, un parti à la gauche du SPD que son fils Gaby, avec une ironie affectueuse, désigne comme « une extrême gauche de salon ». Il est le conseil juridique des communistes et du Secours rouge, une organisation de solidarité révolutionnaire mondiale.

Le 30 janvier 1933, après des semaines d'intrigues politiques, Adolf Hitler est nommé chancelier d'Allemagne. Le lendemain, il dissout le Reichstag. Dans la nuit du 27 février, les Berlinois assistent à son mystérieux incendie, non revendiqué et que les nazis attribuent immédiatement à un complot communiste. L'armée s'est laissé séduire par Hitler, les milices du Parti nazi SA et SS se voient confier par lui des pouvoirs de police. Pour les opposants, c'est la fin. Dénonciations, arrestations, tortures, assassinats. Dans le désordre et la panique de la dictature naissante, les trains filent vers la France et les bateaux vers New York et Londres, chargés de militants politiques, d'intellectuels, d'artistes, de citoyens allemands effrayés. Quelques heures seulement après l'incendie du Reichstag, la police et les SA arrêtent des centaines d'écrivains, journalistes, militants. Parmi eux figure Hans Litten, un célèbre avocat du Secours rouge qui, quelques mois plus tôt, a été accusé d'offense à Hitler et de mépris pour la justice : il avait forcé le chancelier à témoigner dans un procès accusant des militants antifascistes de troubles à l'ordre public. Erich Cohn-Bendit, son ami et collègue, est à la barre pour le défendre. Son retentissant plaidoyer pour Hans Litten marque les esprits des antifascistes, mais aussi des hauts dignitaires nazis. « Erich, je crois que tu devrais t'en aller », lui conseille son ami quelques heures avant son arrestation.

Erich ne le verra plus. Hans Litten est interné à Buchenwald, puis transféré dans différents camps de concentration dont il ne reviendra pas. Mais le dernier conseil que lui a donné son ami résonne autrement quand un haut magistrat protégé par sa carte du Parti nazi avertit Erich : « Cohn, vous êtes sur les listes. Partez. » Il n'hésite plus. Le temps de rassembler quelques affaires et sans prévenir personne, Erich fonce vers la gare et prend le premier train pour Paris. Herta le rejoint quelques jours plus tard. Quand Hitler proclame l'avènement du Troisième Reich, le 20 mars, tous deux ont laissé Berlin derrière eux et suivent l'événement avec effroi, sans parler un mot de français, en découvrant ce sentiment mêlé des réfugiés qui continuera à les poursuivre autrement, entre soulagement et culpabilité.

Le XVe arrondissement de Paris est la nouvelle patrie d'exil d'Erich et Herta. Ils atterrissent dans un appartement au 2, square Léon-Guillot, parce que le hasard a fait du quartier Convention un point de ralliement des exilés allemands antinazis, et qu'ils les avaient connus, pour une partie d'entre eux, à Berlin. Une petite communauté d'intellectuels se retrouve le soir pour discuter jusqu'au petit matin, d'un appartement à l'autre dans ce XVe où ils habitent tous, et en particulier dans un local de la rue Dombasle. Font partie de la bande les philosophes Walter Benjamin et Hannah Arendt. La philosophe, qui a quitté l'Allemagne en 1933 et n'est pas encore la critique d'Israël qu'elle deviendra, partage alors avec Herta les mêmes convictions sionistes. Elle organise l'accueil des Juifs qui fuient le nazisme et milite pour la création d'une entité judéo-arabe en Palestine, où elle les aide à émigrer.

Le 14 avril 1936, un bébé arrive et passe les soirées sur les genoux de tout le monde, dans le deux-pièces du square Léon-Guillot. Gabriel Cohn-Bendit, alias Gaby, est déclaré français à sa naissance. Ce ne sera pas le cas de Daniel, Dany l'optimiste qui n'arrive sur terre qu'au moment où la guerre s'achève, neuf ans plus tard. Contrairement à son frère, il n'est pas français. Il n'a même pas de document d'identité. Pour cause d'hésitation des parents pendant les six premiers mois de sa naissance – Erich voulait aller aux États-Unis, Herta en Israël –, il n'est déclaré nulle part. Apatride et réfugié, c'est l'identité de Dany Cohn-Bendit jusqu'à l'âge de 13 ans. C'est ce qu'il appelle sa « préhistoire surdéterminante » : né sans patrie parce qu'avant lui, ses parents n'étaient déjà plus de nulle part.

Je suis triple. J.M.G Le Clézio a donné à un de ses livres le titre qui me convient le mieux : Identité nomade. *Le nomadisme de mes parents était forcé, le mien n'a pas toujours été un nomadisme choisi mais il l'est devenu car c'est ce qui correspond le mieux à mon identité. Je suis de manière nomade allemand, français, juif, ni l'un ni l'autre et les trois à la fois. Parce que je suis triple, je suis rien et tout à la fois, et ça me plaît. Je ne veux pas me définir. Je suis nomade et apatride, dans le sens le plus positif du terme. Toute cette histoire de parents réfugiés, immigrés, cachés, pèse en moi consciemment ou inconsciemment, et en fait c'est une histoire juive. Tout ce que je suis est la conséquence de l'émigration de mes parents du fait qu'ils étaient juifs. Si j'essaie de penser à ce qui a déterminé mes choix dans ma vie, je me rends compte que tout, absolument tout, vient de là.*

C'est ce qui explique, veulent parfois croire les deux frères, une partie de leurs désaccords et de leurs divergences de vision sur le monde. Dany et Gaby sont juifs tous les deux, mais l'un est français et l'autre, rien. Leur conversation de 2021 se poursuit ainsi :

Gaby : J'aurais pu être traumatisé par la guerre mais ce n'est pas le cas. Je l'ai pourtant vécue à Moissac, sans mes parents.

Dany : C'est marrant, Gaby, parfois tu dis « nos parents » ou « ta mère », parfois « mon père » ou « mes parents », comme si je n'existais pas ! T'es pas clair dans ta tête !

Gaby : Toi tu n'étais pas né ! Quand on était encore en zone libre, ma mère travaillait avec une association d'Éclaireurs israélites à Moissac pour accueillir des enfants juifs dont les parents avaient été déportés. Il y avait des grands et une maison réservée aux petits où j'étais. Après 42, quand la zone libre est passée sous occupation, la résidence a été dissoute. Les grands ont été répartis dans la campagne et moi j'ai été confié, avec de faux papiers, à une famille, les Collet, qui est restée à Moissac. Ma mère venait me voir de temps en temps. Elle et mon père avaient commencé leur cavale en se cachant dans les environs de Montauban, parfois dans des maisons abandonnées dans la forêt. Ils avaient pris le nom de Delpioux. Moi je m'appelais Jean Collet. À l'école, il fallait que je réponde à ce nom. Souvent je badinais dans les rues près de la maison où j'habitais et j'allais parler aux soldats de la Wehrmacht. J'avais piqué des photos de la fille aînée des Collet et je les leur montrais en échange de cigarettes. C'est dire à quel point je ne me rendais pas compte de quoi que ce soit.

Dany : Gaby, tu refoules ! Ce que tu racontes n'est pas crédible. Tu as 6 ans, tu dois changer de nom, tu ne vois pas tes parents et tout va bien ? Tu voulais tellement être un petit Français normal que tu l'as cru.

Gaby : Pourtant, quand je dis que ces années ne m'ont laissé aucun souvenir traumatisant, c'est même le contraire. J'ai découvert à ce moment-là que des gens qui ne sont pas vos parents peuvent vous aimer profondément. J'ai passé la guerre sans le moindre souvenir angoissé. Je me sentais même tellement bien pendant cette période que j'ai effrayé ma pauvre maman.

Dany : Mouais. Moi on peut dire que je n'ai pas non plus de souvenir angoissé de la guerre : j'étais pas né. Entre toi et moi, il y a la guerre, dont tout ce que je connais est une projection. Mais ce n'est pas la grande différence que j'explique aujourd'hui *a posteriori* entre toi et moi. La grande différence, c'est que bien après la guerre et contrairement à toi, j'ai vécu à la fois en France et en Allemagne. Et en Allemagne tu es confronté à des tas de débats – qui par ailleurs auraient fait du bien à la France. Un questionnement interminable sur la responsabilité, le pardon et le droit ou non à l'oubli.

Quand Erich et Herta reviennent à Paris une fois la guerre finie, Gaby a 9 ans et Dany est né quelques mois plus tôt à la maternité de Montauban. Ils essaient d'abord une étape à Cailly, en Normandie, où les deux parents dirigent alors une maison OSE, une œuvre de secours aux enfants juifs. Erich s'occupe de l'intendance et des finances. Ce n'est pas fait pour lui. Il est malheureux. Ils retrouvent alors le 2, square Léon-Guillot et un XVe arrondissement qui n'est plus le même. La « tribu » des intellectuels s'est dispersée. Elle s'était pourtant reconstituée partiellement à Montauban pendant la guerre, contre toute attente. Au hasard des tragédies,

Erich s'était fait arrêter avec Heinrich Blücher, un réfugié allemand issu du mouvement communiste spartakiste qui était aussi l'amant d'Hannah Arendt. Quant à Herta et Hannah, elles avaient trouvé refuge ensemble à Montauban avec le petit Gaby, juste après l'armistice de juin 1940.

Mon frère et moi, nous avons longtemps refoulé ce passé douloureux de nos parents, et refusé de nous y plonger. Eux-mêmes, pour nous protéger, ne se sont jamais étendus sur cette période traumatique de leur vie. Ce n'est qu'à l'automne 2024 que j'ai pu enfin comprendre, grâce au livre émouvant et informatif de Marina Touilliez – Parias : Hannah Arendt et la « tribu » en France (1933-1941) *–, ce qui est arrivé à mes parents en France pendant la guerre.*

Quand la guerre éclate, le 3 septembre 1939, les réfugiés allemands, autrichiens ou républicains espagnols, juifs ou non, sont arrêtés. Le gouvernement français n'avait pas confiance en ces étrangers qui pouvaient, dans ses fantasmes racistes, se joindre à l'ennemi. Mon père se retrouve incarcéré au stade Yves-du-Manoir de Colombes, en banlieue parisienne. Par hasard s'y trouve aussi Heinrich Blücher, parmi tous les « étrangers indésirables » de toutes nationalités. Marina Touilliez écrit : « En déclarant les ressortissants allemands et autrichiens "sujets ennemis", le décret du 1er septembre 1939 relatif aux "interdictions de rapports avec l'ennemi" est l'aboutissement d'une politique menée depuis le printemps 1938 visant à criminaliser la population étrangère sur le sol français. Il décrète le rassemblement dans des "centres spéciaux" de "tous les étrangers ressortissant de territoires appartenant à l'ennemi, âgés de 17 à 65 ans[1]*". » Donc les réfugiés républicains d'Espagne, les réfugiés politiques d'Allemagne et d'Autriche, et bien entendu les Juifs allemands et autrichiens. Tous sont suspectés de possible connivence avec l'envahisseur ennemi. L'irresponsabilité du gouvernement Daladier correspond au nationalisme chauvin bête et criminel de l'époque. Mon père a ainsi droit à la double peine. Suspect en tant que réfugié politique et juif, il se retrouve successivement, après le stade de Colombes, dans plusieurs camps spéciaux d'internement sous administration militaire. Malgré toutes les tentatives de ma mère pour le faire libérer en invoquant que leur fils Gaby était bien français, l'administration reste insensible. Marina Touilliez poursuit : « Quant à Erich Cohn-Bendit, malgré les efforts de sa femme Herta, il a été transféré le 3 janvier du camp de Vernuche à celui de Cepoy, près de Montargis, dans le Loiret. [...] Puis du camp de Cepoy à celui de Bengy-sur-Craon, réputé pour les conditions d'hygiène effroyables qui y règnent. Les hommes y sont entassés dans les granges de la ferme des Battreaux, à côté des vaches. » En juillet 1940, mon père a pu s'enfuir du camp de Brest où il avait finalement atterri. Il a réussi à traverser à pied la France occupée*

1. Marina Touilliez, *Parias. Hannah Arendt et la « tribu » en France (1933-1941)*, L'Échappée, 2024.

et a rejoint sa famille à Montauban où Heinrich Blücher avait lui-même retrouvé Hannah et Herta.

Leurs routes bifurquent la même année 1940. Hannah Arendt décide de s'exiler aux États-Unis avec Heinrich. De Montauban, ils rejoignent Marseille puis le Portugal avant de continuer vers New York. La philosophe commence une nouvelle vie universitaire outre-Atlantique. Apatride comme ses amis, elle est naturalisée américaine en 1951. Heinrich Blücher devient son deuxième mari. Les Cohn-Bendit, de leur côté, reprennent tant bien que mal leur vie parisienne.

Dany a découvert dans un recueil de textes d'Arendt une lettre d'elle à son père en 1940. Il ne sait rien de leurs échanges et n'a pas trace des réponses que lui adressait Erich. Le résultat de sa réflexion, dont elle fait part à son ami et qui est publié dans ce livre, semble indiquer leurs questionnements sur le problème des minorités et sur la définition juridique à donner aux réfugiés apatrides.

« Aucun peuple d'Europe ne souffre aussi durement que nous de ces nouvelles conditions, écrit-elle. Ni les Polonais, ni les Tchèques. Notre seule chance – mais aussi la seule chance de tous les petits peuples – réside dans un nouveau système fédéral européen. Notre destin ne doit pas et ne peut plus être lié à celui d'une quelconque minorité – ce serait sans espoir pour nous. Il ne peut être lié qu'à celui des petits peuples européens. [...] Il arrivera bientôt un moment où l'appartenance au territoire sera remplacée par l'appartenance à une fédération de nations, dans laquelle seule la fédération dans son ensemble fera de la politique. »

Hannah Arendt pose ainsi les jalons d'une Union européenne auquel le fils cadet de son ami Erich, Dany, qui n'est même pas né, consacrera sa vie, dont vingt ans comme député. Mais on n'en est pas là. Seulement encore à cette année 1948 où les Cohn-Bendit, apatrides égarés de l'après-guerre, décident de retourner à Paris.

L'appartement du square Léon-Guillot est trop petit pour tout le monde. Même si Erich est souvent en voyage, il faut parfois loger cinq à six personnes dans un deux-pièces, en comptant la grand-mère et les amis de passage. D'un commun accord, il est décidé que Gaby reste avec son père et sa grand-mère dans le XVe, tandis que Herta, qui a été nommée intendante du lycée juif Maïmonide à Boulogne-Billancourt, s'installe la plupart du temps dans son appartement de fonction avec le plus petit, Dany. Pendant deux ans, il va à l'école communale à Boulogne mais passe du temps au lycée Maïmonide et prend part à ses colonies de vacances, plongé dans un milieu d'enfants d'émigrés juifs de tous les pays. Celui que tout le monde prend pour un pur Parigot n'a pas de passeport, mais la question ne se pose pas. Ses instituteurs décrivent « un enfant qui parle beaucoup et qui est très direct ». Quand il atteint l'âge de 5 ans, son père quitte Paris pour Francfort. Alors que les deux parents ont traversé ensemble les années de clandestinité sous l'Occupation, c'est la période de leur immigration dans la France de l'après-guerre qui les sépare. Herta se sent bien à Paris et estime qu'elle n'a rien à faire en Allemagne. Erich, lui, ne trouve pas sa place en France où il ne peut pas exercer son métier d'avocat.

Dany a besoin de Gaby pour lui raconter leur père qu'il a à peine eu le temps de connaître. Gaby répond en désordre, et toujours avec ce mélange étrange de pronoms possessifs – « ton », « mon » quand il s'agit de leurs parents. « Ton père était un peu sauvage, tandis que ta mère était adaptable. Elle s'adaptait à l'émigration, elle acceptait ce monde. Elle était sociable, ouverte, elle parlait facilement avec les gens. Elle était un peu la mère des lycéens et tricotait des bonnets au crochet qu'elle distribuait aux enfants les plus démunis. C'est pour cela qu'on l'appelait Tricoty. Son charme, sa gentillesse, son humour étaient envoûtants. Mon père, en revanche, était un intello rigoureux. Pour lui, sa vie c'était être avocat, et il n'a pas pu l'être. En tant qu'Allemand, pour le devenir en France après la guerre il aurait dû repasser son bac, et il ne lisait pas facilement le français. Tu vois le parcours du combattant... C'est pour ça qu'il est retourné en Allemagne après ta naissance. Tout ce que la situation l'obligeait à faire à la place était horrible pour lui. Vendre des timbres, gérer les finances de la maison d'enfants juifs à Cailly... Il ne s'est jamais senti intégré en France. Le contraire de notre mère. »

Erich Cohn-Bendit fume beaucoup, boit beaucoup. En 1956, son amie Hannah Arendt passe le voir en Allemagne et se désole de son état. Elle l'écrit à son mari Heinrich Blücher : « J'ai vu Erich Cohn-Bendit. D'un côté c'est triste, parce qu'il est vraiment alcoolique. De l'autre, si tu veux comprendre ce qui se passe en Allemagne, c'est toujours le plus intelligent. » Quelques années après le départ d'Erich de Paris pour l'Allemagne, un cancer du poumon lui est diagnostiqué. À la même époque, Dany et sa mère rejoignent le square Léon-Guillot et la bande des intellectuels juifs allemands du XVe arrondissement. L'enfance parisienne de Dany ne dure pas longtemps.

3

Idéologiquement fluide

Dans le train qui l'emmène vers l'Allemagne, Dany pleure toute la nuit. Il ne veut pas quitter la France, le square Léon-Guillot, sa classe de cinquième au lycée Buffon. Il déteste l'Allemagne, qu'il se figure comme une vaste prison où rôdent des nazis déguisés, aussi sinistre que le sanatorium de la Forêt-Noire où il va parfois rendre visite à son père malade qui, depuis 1950, a quitté sa famille et une vie française où il n'a jamais trouvé sa place.

Pour établir son cabinet d'avocat, Erich Cohn-Bendit avait dû repartir de zéro. Quelle ville choisir ? La sienne, Berlin ? Le mur n'était pas encore construit mais l'ancienne capitale allemande était déjà coupée en deux, faisant de Berlin-Ouest une forteresse lointaine et enclavée en plein milieu de la République démocratique allemande (RDA) occupée par les Soviétiques. Berlin-Ouest n'étant pas intégrée formellement à la République fédérale d'Allemagne (RFA), créée par le rassemblement des zones d'occupation américaine, britannique et française (la « Trizone »), la capitale de l'État fédéral avait été temporairement placée à Bonn.

Bonn, commune tranquille du bord du Rhin, était aussi charmante qu'elle respirait l'ennui. Les institutions gouvernementales soudain installées là en juillet 1948 par les alliés occidentaux de la Trizone n'y changeaient rien. Erich Cohn-Bendit avait alors jeté son dévolu sur une autre ville où il n'avait certes aucune attache, mais où une communauté juive s'était reconstituée : Francfort-sur-le-Main. Centrale et facile d'accès, à moins de deux cents kilomètres de la frontière française. À quelques heures de train, de quoi permettre à ses garçons de lui rendre visite facilement.

En 1958, la famille au complet se trouve à Paris pour le mariage de Gaby avec Jeanne, dite Nane. La mère d'Erich, celle avec qui ils partageaient l'appartement du square Léon-Guillot, a tout fait pour annuler cette cérémonie qu'elle juge catastrophique : son petit-fils préféré, marié à une goy ! Le rabbin de Francfort, qu'elle a sollicité avec l'espoir qu'il puisse faire entendre raison à cette famille égarée dans l'athéisme, va jusqu'à rendre visite à Erich à l'hôpital. Peut-il intervenir auprès de son fils pour empêcher ce mariage ? Le rabbin se heurte à un mur. « C'est pire que ce que vous dites : non seulement elle est goy, mais elle est communiste ! » lui répond Erich. Fin de la discussion. Le mariage sacrilège a lieu.

Erich va très mal. Le cancer des poumons a dégénéré. Il peut à peine manger et souffre en permanence. Il demande à la mère de ses fils, avec qui malgré leur mésentente il a tant partagé, de venir à ses côtés pour l'aider à finir sa vie. Herta n'hésite pas. Après le mariage de Gaby, qui reste en France poursuivre ses études d'allemand afin de devenir enseignant, elle prend le train pour l'Allemagne et charge son cadet de la rejoindre. Dany n'a aucune envie de partir. Mais il n'a que 13 ans, et pas son mot à dire.

La société allemande de ces années 1950-1960 est comme la France de l'époque, à la fois très conservatrice et moulée dans la fierté d'une économie florissante. Le chrétien-démocrate (CDU) Ludwig Erhard, qui devient chancelier fédéral en 1963 à la suite de la démission de Konrad Adenauer, met en place l'économie sociale de marché et incarne le « miracle économique » allemand d'après-guerre, non sans avoir occupé, à l'instar de beaucoup d'hommes politiques du pays, des fonctions dans le gouvernement du Troisième Reich.

Dany refuse d'aller dans un lycée où les professeurs, estime-t-il, sont soupçonnables d'être des nazis recyclés. À sa demande, il est envoyé en pension à l'Odenwaldschule, un internat situé dans les environs de Francfort à l'orée de la forêt. C'est un établissement privé et expérimental issu des mouvements de jeunesse allemands des années 1920, rouvert après la guerre par des réfugiés et devenu une école humaniste à l'ambiance internationale. L'un des responsables est un ex-communiste nommé Ernest Jablonsky qui se faisait appeler « Jouhy », son nom de résistant. Comme Erich et Herta, sa femme et lui s'étaient occupés d'une maison d'enfants en France pendant la guerre. « Ernest Jouhy, mes parents le connaissaient. C'était pour moi une garantie », dit Dany. À l'internat, la pédagogie est ouverte et intégratrice. À la place de dortoirs, des chambres sont réparties en différents bâtiments où les pensionnaires sont installés à deux, à trois, ou seuls quand ils deviennent grands. Les enseignants, qui logent sur place, sont considérés comme des « pères de famille ». Les enfants viennent des quatre coins d'Allemagne.

Être apatride et gratifié du statut de « bâtard » plaît à Dany théoriquement mais techniquement, ça l'agace. Le moindre aller-retour entre la France et l'Allemagne exige chaque fois une autorisation spéciale. Devenir français ? Allemand ? Gaby, français de naissance, doit à la patrie deux années de service militaire. Le petit frère n'a aucune envie d'obéir à des ordres dont il sent déjà qu'ils ne sont pas son genre. L'Allemagne d'après-guerre présente un avantage : le ministre de la Défense a publié un décret selon lequel les enfants de victimes du nazisme sont dispensés des obligations de l'armée s'ils le souhaitent. De plus, la nationalité est attribuée d'office aux enfants de réfugiés. Erich Cohn-Bendit dit à son fils : « Si tu ne veux pas faire ton service, deviens allemand ! » Pour Dany, le choix est vite fait. Après treize ans passés sans appartenir à rien, l'apatride commence une nouvelle vie à Francfort avec le sigle de la République fédérale allemande tamponnée sur son passeport flambant neuf. Il affirme être le premier et seul homme à être devenu allemand pour échapper à ses devoirs militaires. Ce qui ne manque pas de piquant quand on sait qu'il sera un des premiers Verts allemands, des dizaines d'années plus tard, à militer pour une intervention militaire en Bosnie, puis pour une aide militaire à l'Ukraine.

Prendre la nationalité allemande pour échapper au service militaire est le dernier conseil qu'il aura reçu de son père. Erich Cohn-Bendit meurt le 13 août 1959, à l'âge de 57 ans. Après l'enterrement, Herta qui n'a plus rien à faire à Francfort décide de rentrer à Paris où elle a tous ses amis. Dany, 14 ans, refuse de s'exiler à nouveau. Autant il pleurait de quitter Paris, autant il veut rester en Allemagne terminer le lycée où il est pensionnaire.

Quatre ans après la mort d'Erich, Herta est frappée par une attaque. Le cœur fatigué, comme Erich, par plusieurs décennies de paquets de cigarettes. Par hasard, en cette fin d'été 1963, elle se trouve alors à Londres où elle est allée rendre visite à sa belle-sœur. Gaby effectue toujours son service militaire, tandis que Dany, lui, vient de rentrer en Allemagne après un mois d'août passé à travailler en kibboutz en Israël. « Où sont mes enfants ? » demande Herta sur son lit d'hôpital. Quand les deux frères finissent par arriver en avion, chacun de leur côté, il est trop tard. Herta Cohn-Bendit est enterrée à Londres, malgré les demandes de la communauté juive de rapatrier le corps à Paris. Les deux frères s'y sont opposés, ils veulent faire simple. « Karl Marx est bien enterré à Londres, pourquoi pas notre mère ? » répondent-ils. Karl et Herta reposent d'ailleurs dans le même cimetière, à Golders Green.

À l'automne, un hommage est rendu par l'école Maïmonide à Herta Cohn-Bendit, figure marquante de l'établissement et « une partie de l'âme de cette maison ». Dany a horreur des cimetières et des cérémonies funèbres. Il veut en revanche bien organiser la sienne. Il prépare un enregistrement pour son dernier discours *post-mortem*. Quant à celui tenu par le directeur de Maïmonide, auquel ni lui ni son frère n'ont assisté, Dany le découvre plus tard et le voici.

« Je voudrais essayer de traduire en mots, en amitié fidèle, ce que fut pour nous tous Mme Cohn-Bendit, commençait Théo Dreyfus. C'est d'abord parler d'une personnalité exceptionnellement riche, foisonnante d'idées, éminemment axée dans le sens d'une plénitude de vie. Elle n'avait pas une idée précise à défendre et n'était pas une militante au sens classique du terme. Sa présence était faite toute de charme, de gaieté, d'ambiance et aussi de culture. Ses options pour le judaïsme, le communisme, le sionisme étaient toutes empreintes de sa fantaisie personnelle et de son sens artistique de l'humour. Elle ne se prenait pas trop au sérieux, mais elle aimait découvrir le côté sérieux chez les autres et prenait part à toute discussion avec un enthousiasme juvénile. Personnalité tellement riche, on comprend qu'elle n'ait jamais su réellement se départager elle-même.

« Mais elle savait aussi, chose plus difficile encore, écouter les autres et rendre leurs problèmes personnels intéressants à leurs propres yeux ; elle était une confidente bienveillante qui savait stimuler, éveiller et provoquer les réactions salutaires.

« Enfin, chose essentielle, elle était à l'aise dans les milieux les plus divers et marquait par sa présence et sa générosité spontanée. Son optimisme et sa souplesse facilitaient les contacts. [...] Mme Cohn-Bendit [...] avait ce don d'unificatrice, sachant dégager ce qui rapproche au-delà de ce qui risque de diviser : ceci est son œuvre. »

En 1963, à l'âge de 18 ans, Dany se retrouve donc totalement orphelin. Il retourne à l'internat pour ses deux dernières années de lycée – et pour la formation politique qu'il y a commencée sans s'en rendre compte.

L'Odenwaldschule a mis en place un parlement des élèves, chaque classe devant élire ses représentants au parlement qui lui-même élira son président. Jusqu'à ce qu'un rouquin plus bavard que les autres invente un processus : la campagne électorale. Celui qui n'est pas encore Dany le Rouge mais déjà le plus jeune secrétaire du parlement harangue les élèves depuis la balustrade du premier étage qui surplombe la cour. Il tient de son père avocat cette éloquence exceptionnelle. Il fait des discours, expose son programme, fait rigoler tout le monde. L'électorat est conquis. Il a la passion du dialogue et du débat contradictoire. Il adore s'adresser à ceux qui ne pensent pas comme lui, parler à tout le monde, élaborer des institutions représentatives. Dany Cohn-Bendit, inventeur de la campagne électorale, devient le plus jeune président du parlement des élèves. Il est élu deux fois de suite.

Étais-tu révolutionnaire ?

Non, pas vraiment. Je voulais bousculer les choses tout en ayant en moi une fibre libérale-libertaire dont je n'avais pas encore conscience.

Qu'est-ce qui te révoltait ?

C'est ça qui n'est pas facile. J'avais tout ! Je n'avais pas besoin de me révolter contre mes parents, puisque j'étais pensionnaire et qu'adolescent, j'étais déjà orphelin. Les sociétés allemande et française me révoltaient différemment. La société allemande d'avant 1968 refusait de se confronter réellement à son histoire. Tu avais d'un côté la Constitution, la Loi fondamentale, ce « Grundgesetz » *qui avait été écrit en partie sous l'influence des Américains et de certains réfugiés, dont Carlo Schmid. Il fallait construire une République sur un modèle fédéraliste pour ne pas risquer de reproduire la mainmise de Berlin sur l'Allemagne, une des causes de la victoire d'Hitler. De l'autre, il y avait une société allemande où la plupart des citoyens assuraient qu'ils n'avaient rien su des camps de concentration ni des ambitions d'Hitler.*

Comment l'as-tu vue évoluer ?

Il y a eu plusieurs phases. Dans les années 1960, le succès du miracle économique allemand avait chloroformé la société. En 1968, la révolte de la jeunesse anti-autoritaire a ébranlé l'Allemagne dans ses fondements et sonné le tocsin. Et en 1979, la diffusion de la série Holocauste *a provoqué un véritable séisme. Elle a obligé les Allemands à regarder leur histoire en face et à en débattre. Cette série a provoqué une prise de conscience positive, mais la société allemande n'en restait pas moins très autoritaire. La famille, la relation entre les hommes et les femmes, les femmes qui devaient demander l'autorisation à leur mari pour travailler ou avoir un compte en banque, ce conformisme pesant existait en Allemagne, de manière assez semblable au climat qui régnait en France, marquée par le coup d'État de 1958. Avec mon frère, on est allés voir* Le Dictateur *de Chaplin. L'état d'esprit des gens de gauche, à l'époque, qui ne s'encombrait pas de nuances, c'était de comparer l'arrivée au pouvoir de De Gaulle avec celle de Hitler.*

Les deux sociétés, allemande et française, étaient dirigées par des gens qui avaient été traumatisés par la guerre et qui concevaient la gestion de la politique et de la société avec une vision autoritaire. C'était cela qui me révoltait. Et je ne comprenais pas non plus qu'on veuille y apporter une réponse par un autre autoritarisme, le bolchévisme ou le communisme. J'étais un « antiautoritärer Freigeist », *un esprit libre anti-autoritaire. C'est ça le moteur de ma révolte.*

À quoi aspirais-tu ?

J'avais l'idée d'une société autogestionnaire où tu pouvais vivre plus librement. C'était très abstrait. J'étais fasciné par l'utopie d'une autre société, fondée sur ce truc profondément libéral : je déteste l'autoritarisme et le dogmatisme idéologique.

D'où te vient cette « fibre libérale », comme tu dis ?

C'est inné chez moi. Quand j'étais à l'école primaire à Paris dans le XVe arrondissement, rue Olivier-de-Serres, je parlais tout le temps. Je passais mon temps à intervenir et à donner mes explications à l'instituteur. Il a dit à ma mère : « Il est sympa, mais ça ne va pas de parler tout le temps comme ça. Je vais lui dire qu'il a un forfait de vingt points. S'il n'intervient pas, il garde ses points et ses parents lui donneront une récompense. » Au bout d'un mois, je suis rentré à la maison et j'ai dit à ma mère :

— C'est fini. J'ai plus de points.

— Mais qu'est-ce que tu as fait ?

— J'ai rien fait, j'ai dit la vérité ! Un enfant a fait une bêtise, le prof lui a dit : « Pour qui tu me prends ? » Moi j'ai répondu : « Il vous prend pour un con. » Ben oui, c'était la vérité !

Dès le départ, j'ai été idéologiquement fluide. De même que je n'ai jamais été enfermé dans une nationalité, je n'ai jamais été enfermé non plus dans une idéologie. L'internat où j'ai inventé la campagne électorale pour le parlement des élèves était aussi une école qui poussait la réflexion sur notre passé et sur le fondement de la démocratie libérale et représentative. J'avais intuitivement une admiration pour la démocratie en réponse à l'histoire allemande, et en même temps une même admiration pour ces libertaires qui luttaient pour une société émancipée, complètement libre. Je me suis construit avec ça. C'est mon socle.

Quand j'ai commencé à réfléchir politiquement, je n'ai jamais cessé d'être libéral et libertaire. C'est resté ma ligne de fond permanente, celle qui m'a rendu allergique au Parti communiste comme à tous les groupes gauchistes des années 1960. L'autoritarisme était le comportement qui me révoltait le plus – même si, bizarrement, je suis devenu en 1968 une sorte d'autorité antitotalitaire. En 1999, quand j'ai rejoint le parti des Vert pour être tête de liste aux élections européennes, je leur ai annoncé d'emblée la couleur : « Je suis un libéral-libertaire. » Mes mots et ma présence ont suscité l'indignation au sein des Verts : « Quoi, un libéral chez nous ? On n'est pas des libéraux ! » Ça n'allait pas ensemble.

Comment as-tu construit ta vision politique ? Avec quels penseurs ?

Mon frère m'a donné à lire les classiques anars. Il avait fait un passage au Parti communiste et en avait été exclu. À travers lui j'étais vacciné contre le Parti, j'ai intériorisé toute son histoire. Au lycée, j'ai lu Leszek Kołakowski, un philosophe polonais très en vue à l'époque et qui représente le « révisionnisme marxiste ». Il défendait la liberté individuelle contre le déterminisme historique. En 1966, une année après mon bac, il est exclu du Parti communiste et viré de son poste de professeur à l'université. Tous les penseurs d'Europe de l'Est qui critiquent le socialisme seront bannis comme lui deux ans après, avec l'écrasement du « printemps de Prague ». J'étais naturellement de leur côté.

Et parallèlement, j'étais à la remorque de mon frère, formaté politiquement par lui qui a neuf ans de plus que moi, qui est passé d'étudiant communiste à exclu du Parti communiste, puis de l'ultragauche trotskyste à la critique marxiste du stalinisme et de l'ultragauche autour de l'organisation et de la revue Socialisme ou Barbarie, *de Cornelius Castoriadis et Claude Lefort, avec Edgar Morin. J'étais révolutionnaire parce que Gaby l'était. J'avais suivi tout son parcours. De plus, il allait en vacances avec sa famille dans un camping international anar et naturellement, je l'accompagnais. Je me suis intégré à son histoire et j'ai ingurgité son évolution politique dès mon adolescence.*

Quand je suis revenu en France après l'internat pour étudier à Nanterre, où j'ai retrouvé des copains que j'avais connus au camping, j'étais ce mélange. Sans identité nationale ni idéologie. À la fois révolutionnaire, autogestionnaire, anticommuniste, anti tout ce qui était marxiste au sens autoritaire. Même l'anarchisme révolutionnaire ne me convenait pas complètement car il est lui aussi enfermé dans son système. Moi, je restais fluide. Un woke avant l'heure ! J'étais profondément un libéral-libertaire, dans le sens d'une ouverture d'esprit et d'une curiosité qui étaient réfractaires à toute idéologie réductrice. Malheureusement, ni les libéraux ni les libertaires n'acceptaient ma bâtardise.

En fait, tu pratiquais déjà une forme de centrisme désidéologisé et au-dessus des partis… Est-ce que cela explique la séduction qu'exercera sur toi Emmanuel Macron et son « en même temps » ?

Oui, c'est exactement ce qui m'a séduit chez lui au départ. Et je me suis trompé. Mais ça, on en parlera plus tard. J'ai pris conscience récemment que cette pensée fluide qui m'oblige à ne jamais me figer et à ne jamais arrêter de gamberger, ce n'est pas un choix idéologique mais la conséquence de cette première partie de ma vie, et la réalité de ce que je suis : français, allemand, juif. Ou plutôt de ce que je ne suis pas : ni français comme les Français, ni allemand comme les Allemands, ni juif comme les Juifs. Comme je n'accordais aucune importance à l'identité nationale et que j'étais a-nationaliste, j'ai mis beaucoup de temps à le comprendre. C'est pour cela que quand commence Mai 68, je suis libertaire, mêlé à ce groupe anar, et en même temps différent.

4

« C'est trop dur »

En ce milieu des années 1960, l'Allemagne est un pays qui se cherche et qui n'a pas encore fait le ménage. Le 1er décembre 1966, celui qui succède à Ludwig Erhard à la chancellerie fédérale est un ancien membre actif du parti nazi. Kurt Georg Kiesinger n'a rien été de moins que le directeur adjoint de la propagande radiophonique extérieure du Reich, à qui sa fonction avait valu le surnom de « Goebbels de l'étranger ». Chancelier et président de l'Union chrétienne-démocrate (CDU), il forme un gouvernement de grande coalition avec le Parti social-démocrate (SPD). Le 7 novembre 1968, Beate Klarsfeld, montée à la tribune du congrès de la CDU, le gifle en criant « Kiesinger, nazi ! Démissionne ! » Parallèlement se développent en Allemagne, comme en France, des mouvements étudiants opposés à la guerre du Vietnam et partisans d'une université critique, opposée à la traditionnelle, dont les objectifs se veulent définis par une codécision tripartite entre les étudiants, les professeurs et la direction.

Dany Cohn-Bendit passe son bac à l'Odenwaldschule en 1965 – à l'âge de 20 ans, parce que la scolarité allemande comptait une année de plus qu'en France, et parce qu'il avait redoublé sa cinquième après son passage de France en Allemagne. Ses deux parents sont morts. Il ne se voit pas rester en Allemagne. Il pourrait aller à Saint-Nazaire où Gaby enseigne l'allemand et sa femme Nane le français. Mais ce sera Paris. Retour au square Léon-Guillot, cette fois pour lui tout seul et bientôt pour sa bande de copains qui en feront leur QG. Dany veut être planificateur en éducation et s'inscrit en maths à la fac d'Orsay, en banlieue parisienne. Au bout de quinze jours, il décroche. Il n'a pas le niveau, il s'ennuie, le climat ne lui plaît pas. Il a le luxe de bien vivre et de pouvoir choisir : en tant que fils orphelin d'une fonctionnaire, il reçoit de l'État allemand une bourse correspondant au tiers de sa retraite. De quoi payer aisément le loyer du square Léon-Guillot, étudier et s'amuser.

Pourquoi pas Nanterre ? Des copains du camping anarchiste qui y sont inscrits en sociologie lui décrivent une ambiance expérimentale et chaotique propre à le séduire. L'université de sciences humaines vient tout juste de pousser comme un champignon sur un terrain militaire désaffecté pour désencombrer dans l'urgence les amphis pleins à craquer de la Sorbonne. Le RER n'existe pas encore, les trains partent de Saint-Lazare et s'arrêtent à Nanterre-la-Folie. De la gare, il faut une dizaine de minutes sur l'avenue de la République, le long du plus grand bidonville de la région parisienne où s'entassent les Algériens recrutés pour travailler sur les chantiers de la Défense. Des cahutes en bois, en parpaings de chantier et en toits de tôle plantées sur un champ de boue à côté des grues et des bulldozers. C'est sinistre, mais la nouvelle fac de Nanterre qui se dresse au milieu de nulle part est une ruche étrange qui attire des étudiants de tous les milieux et des professeurs de haut rang comme Jean Baudrillard, Henri Lefebvre, le père des situationnistes, ou Alain Touraine, l'éminent directeur du département de sociologie. Paris et ses cafés sont si peu accessibles que tout le monde traîne sur place entre deux amphis. Nanterre n'est pas qu'une fac, c'est une communauté où on fume en débattant du matin au soir de toutes les révolutions possibles.

Dany le Franco-Allemand libéral-libertaire, anticapitaliste et antitotalitaire, même pas tout à fait anarchiste ni tout à fait révolutionnaire, fait aussitôt partie des murs. Son groupe d'anars déambule la journée à Nanterre et le soir à Paris. C'est une tribu d'un autre genre qui discute jusque dans la nuit dans l'appartement du square Léon-Guillot, sur les traces de celle d'Erich et Herta. Hannah Arendt et Walter Benjamin ont cédé leur place aux futurs meneurs de Mai 68.

Le rouquin à la bouille ronde essaie un temps une moustache qui ne parvient pas à le vieillir. Il se fait remarquer comme le bavard qui intervient à tout bout de champ, interpelle les étudiants comme les profs sur tout et n'importe quoi, interrompt Touraine en plein cours en le tutoyant depuis le fond de l'amphi, pour lui dire qu'il n'est pas d'accord avec lui. L'autorité et l'autoritarisme sont ses éternelles têtes de Turc. Il défie les statues du commandeur pour le plaisir de les faire tomber de leur piédestal. Il est insolent et gentil, adore provoquer pour commencer à débattre, n'a pas le discours du révolutionnaire type. On le trouve marrant. À Nanterre, il est connu. Pas du tout bagarreur, jamais dans les batailles à la matraque entre les groupes d'extrême gauche et d'extrême droite, mais toujours en avance d'un débat. Le doyen de la fac le tient à l'œil.

Le début des événements de mai, ce n'est pas fondamentalement lui. La décision par les garçons de la cité universitaire, en avril 1968, d'occuper le bâtiment des filles, pour revendiquer la mixité pendant la nuit et assurer ainsi l'épanouissement sexuel de tous, ce n'est pas lui pour une raison simple : il avait son propre appartement. La grève de l'hiver 1967 contre la réforme des universités du ministre de l'Éducation nationale Christian Fouchet, ce n'est pas lui non plus. Mais Dany s'empare de ces moments de subversion. Quand il est perché sur une table, le petit rouquin sait parler aux foules comme aucun autre. Il a un sens inné des stratégies politiques et des slogans, il a l'enthousiasme et la voix qui porte, il envoie des piques aux uns et aux autres, il met l'assemblée dans sa poche sans prôner la violence ni se prendre au sérieux. Il est sympa, il est joyeux, il est drôle et il a un culot monstre.

Ses diverses menaces d'expulsion le rendent d'autant plus populaire. Quand le printemps arrive et que commencent les nouvelles vagues d'actions sous des prétextes divers dans les lycées et les universités, il est l'agitateur préféré de Nanterre. Et celui qui, le 22 mars 1968, va s'emparer des étincelles pour déclencher l'incendie. Il s'agit de ne pas rester sans réaction alors qu'à l'issue d'une manifestation contre la guerre du Vietnam dans le quartier parisien de l'Opéra, le 20 mars, les policiers ont osé embarquer trois jeunes des comités d'action lycéens – cofondés par le futur cinéaste Romain Goupil – qui avaient cassé les vitrines de l'American Express à coups de barres de fer. Mais surtout, ils ont eu le mauvais goût d'emmener au commissariat Xavier Langlade, membre du service d'ordre et camarade de Nanterre. Pas question de laisser passer ça. Le 22 mars, à 17 heures, celui que l'on ne surnomme pas encore « Dany le Rouge » prend la parole dans l'amphi B2 : « Pour que l'opinion publique soit alarmée, nous proposons ce soir une occupation d'un bâtiment de la faculté où nous resterons toute la nuit. Nous marquerons ainsi notre volonté que les victimes de la répression, que ce soient Xavier Langlade, de Nanterre, ou Nicolas Boulte, du Comité Vietnam national, soient libérés ! »

Le Mouvement du 22 mars naît au huitième étage de l'université dans la cacophonie des discours en tous sens, des gobelets de whisky et des cigarettes qui passent de main en main. La salle est un nuage de fumée. Aucun parti ni chef ne contrôle la situation. Aucune autre organisation n'est de mise que celle de l'autogestion collective et spontanée. Aucune autre règle que la liberté totale des prises de parole. La révolution est moins dans les revendications, un peu floues, que dans la forme de la révolte : le désordre n'est pas un dérapage incontrôlé, il est au contraire le seul mot d'ordre. L'autorité est abolie, même celle des révolutionnaires. Dany Cohn-Bendit a révolutionné la révolution étudiante.

Comment émerges-tu dans ce brouhaha ? Qu'est-ce que tu as de plus que les autres meneurs ?

Comme j'aimais parler à tout le monde, j'aimais évidemment parler aux médias. Les journalistes qui couvraient les événements de Nanterre avaient de quoi faire. Les révolutionnaires ou les syndicalistes traditionnels, qu'ils soient libertaires, maoïstes ou trotskystes, avaient des discours à la fois très durs et très typés. Et il y avait un hurluberlu que personne ne connaissait avant le 22 mars, qui se foutait de la gueule d'un peu tout le monde, qui parlait autrement. J'étais l'étudiant privilégié des médias parce que je n'étais pas formaté. Ce langage stéréotypé du gauchisme et de la révolution permanente, je l'utilisais aussi, mais ma caractéristique c'était plutôt la communication permanente et insolente.

Le sourire et la tchatche. La fameuse photo où je souris au policier résume mon identité, et c'est toute une révolte qui s'y est reconnue.

Cette célèbre photo signée Gilles Caron, où tu regardes en souriant un policier casqué devant la Sorbonne, le 6 mai 1968, fait désormais partie des mythes de l'histoire française du XXe siècle. Comment toi, l'antiautoritaire viscéral, l'anti-leader, es-tu devenu l'autorité et le leader iconiques du mouvement étudiant ?

C'est ça le piège dans lequel je suis tombé. J'étais devenu une autorité antiautoritaire, un leader qui n'était pas formaté pour l'être. C'est quelque chose qu'intuitivement je ne voulais pas assumer. Je voulais bien être un haut-parleur, incarner une certaine révolte que je ressentais et dans laquelle les autres se reconnaissaient, mais pas assumer un leadership qui n'est pas dans ma manière d'être. J'étais un gamin ouvert, anar, qui déambulait dans l'université sans complexes, et avec l'ambition permanente de m'amuser en défiant politiquement tout le monde, des profs aux groupuscules d'extrême gauche.

Mais la révolte rêve toujours d'un leader. Et tout d'un coup, je me rends compte que c'est moi. Un jour, Jacques Lacan et d'autres intellectuels sont venus nous demander ce qu'ils pouvaient faire pour nous. On s'est réunis à cinq ou six avec eux, on leur a dit de nous donner de l'argent pour payer les avocats de ceux qui avaient été arrêtés. Ils ont été généreux et en sortant, j'ai lancé : « Venez, on va bouffer à La Coupole *! » Un* *copain de mon frère qui était là m'a fait une leçon de morale. Il m'a dit : « Dany, tu ne peux pas faire ça. Tu es l'incarnation du mouvement ! » Là, je me rends compte que je ne suis plus le Dany d'avant, celui qui faisait des trucs pour rire. Je ne suis plus moi. Je ne suis plus Dany l'espiègle, je suis « Dany le Rouge », un leader de Mai 68, une icône. Les gens me voient comme un mythe, ils projettent sur moi des tas de choses.*

Ça ne te fait pas plaisir ?

Pendant une courte période, je me complais. Je me prends au jeu, je suis flatté narcissiquement. Ça me plaît, oui. Et en même temps, c'est trop dur. Imagine : tu as 23 ans, tu t'amuses à la fac avec tes copains, tu vis un moment extraordinaire, tu n'es rien de spécial. Et en l'espace de deux mois à peine, tu deviens un personnage planétaire, avec des photos de toi qui circulent jusqu'à Buenos Aires. En mai 68, je me baladais dans la rue et absolument tout le monde me connaissait. Les gens m'aimaient ou me détestaient, ils me regardaient différemment. Les policiers, les révoltés, les amis, les femmes, les filles me regardaient autrement. Mon histoire leur appartenait. Je ne dis pas que c'était déplaisant. C'était même agréable. Mais c'était perturbant. J'ai pris la grosse tête. Et à la fin, j'ai perdu les pédales. Au moment où le mythe émerge, je suis déjà dépassé.

Cinquante ans après, le mythe est tenace. Il n'est pas une fois où je me sois trouvée Dany dans un café parisien sans que quelqu'un vienne l'aborder.

Selon l'âge, pour lui parler foot, le remercier d'une émission, ou lui raconter une anecdote de Mai 68. Il répond toujours gentiment, mais sans enthousiasme.

Est-ce que ton mythe te fatigue ?

Disons que c'est à la fois lassant et aphrodisiaque. Avec l'âge, j'en ai un peu marre. Ça me replonge dans une expérience qui m'a laissé des souvenirs partagés. D'abord, il y a cette maladie française, et pas seulement française d'ailleurs. Dès qu'il y a un mouvement de révolte ou un mouvement qui dure, on dit : « C'est le nouveau Mai 68. » Et chaque fois, on me demande si je me reconnais dans ces révoltes. Ça n'a pas de sens. Quand il y a eu les manifestations Nuit debout contre la loi travail en mars 2016, des gens ont cru qu'ils pourraient recommencer le Mouvement du 22 mars, alors que ça n'a entraîné qu'une minorité et une curiosité limitée. Mai 68, c'est a-historique. C'est une convergence d'événements et une jeunesse en décalage avec la société d'après-guerre qui ont permis son explosion spontanée et chaotique. « Quand la France s'ennuie… », la fameuse formule de Pierre Viansson-Ponté dans Le Monde, *intervenait dans un cadre international où il se passait partout quelque chose, un sentiment d'antiautoritarisme partagé et mis à la sauce de l'opposition à la guerre du Vietnam. Les partis politiques étaient complètement dépassés. Nuit debout, au contraire, était un mouvement organisé, manipulé, très encadré idéologiquement et planifié pour être un processus révolutionnaire. Ce qui se passait chez nous n'était pas planifié. C'est devenu quelque chose au fur et à mesure, et qui nous a d'ailleurs largement échappé.*

Le mouvement des Gilets jaunes, qui a commencé à l'automne 2018 contre la hausse du prix des carburants, n'était pas planifié non plus. Est-ce que tu rejettes là aussi toute comparaison ?

Oui. Les Gilets jaunes étaient des révoltés franchouillards, souvent blessés socialement mais enfermés dans une pensée hexagonale.

Est-ce que l'excès et la folie font nécessairement partie de toute révolte ?

Oui. Comme le nazisme, par exemple, était une révolte excessive et folle. Toute révolte n'est pas émancipatrice. Il y avait bien sûr de la folie dans ce mouvement de 68. Dans la nouvelle résistance populaire, les CRS étaient des SS, Pompidou était un nazi... c'était fou. Que tant de gens intelligents aient été sincèrement maoïstes, c'est a posteriori incompréhensible. D'une manière générale, le problème de la révolte est ce qu'on en fait après. Il y a une cinquantaine d'années, en 1960, mon frère Gaby était dans un groupe de porteurs de valises pour les indépendantistes algériens. Il y avait des réunions d'un sous-groupe du FLN dans notre appartement du square Léon-Guillot. Ils disaient : « On va régler leur compte aux Français d'abord, et après on réglera leur compte aux Juifs ! » Gaby leur répondait : « Mais moi alors ? » Face aux mouvements d'indépendance nationale, la gauche a toujours soutenu les mouvances les plus radicales qui étaient en fait des groupes totalitaires. On ne voulait pas voir qu'en les soutenant, on contribuait à l'État totalitaire qu'ils allaient créer.

Toi-même, tu n'as pas été fou en 68 ?

J'ai eu des délires utopiques. J'étais pour la généralisation de l'autogestion, je partageais l'idéalisation de la classe ouvrière. J'ai eu des folies qui n'étaient pas meurtrières, des délires qui n'étaient pas « totalitarisants ». Moi, dans le mouvement, j'ai toujours été centriste. C'était un des paradoxes de la situation, où je me retrouvais leader d'un mouvement dont la majorité des gens ne me ressemblaient pas, et m'aimaient parce que j'étais différent.

Le 18 mai 1968, je suis allé à Saint-Nazaire où Gaby m'avait invité pour tenir un meeting. La CGT (le syndicat tout-puissant qui était aligné sur le Parti communiste) avait interdit qu'il ait lieu à l'entrée des chantiers navals. Ils ne voulaient pas qu'un anarchiste déstructuré leur vole la vedette en s'adressant aux ouvriers… Comme on ne cherchait pas la bagarre, on s'est rabattus sur la grande plage. Il y avait 2 000 à 3 000 personnes, c'était une assemblée assez importante et très joyeuse. Il se trouve qu'ensuite, j'ai été invité pour un meeting à Londres, puis à Amsterdam. Je ne me l'avoue pas sur le moment, mais intuitivement, c'est une fuite. En y allant, j'attends en fait ce qui devait arriver : je suis expulsé.

Tu veux dire qu'au fond, tu désirais cette expulsion ?

Dire que je la désirais, c'est trop. Mais d'une certaine manière, je l'ai provoquée. Au meeting d'Amsterdam, j'avais lancé cette phrase : « Le drapeau tricolore est fait pour être déchiré, pour en faire un drapeau rouge ! » C'était la phrase de trop. J'avais insulté le symbole national. Le 21 mai, j'apprends par la presse que le ministre de l'Intérieur, Christian Fouchet, prend le décret de m'interdire de territoire. Il n'a même pas consulté le préfet Grimaud. Après le meeting de Sarrebruck, je fais exprès de m'approcher de la frontière française. Les gens présents au meeting m'accompagnent, il y a un millier de personnes avec moi. Mais là, des policiers m'attendent. Ils me disent « Venez ». Ils me font monter dans leur voiture, m'emmènent au poste, me donnent mon interdiction de séjour et me ramènent de l'autre côté de la frontière. C'est fini : je suis allemand et je n'ai plus le droit d'entrer sur le sol français. Sur le moment, je l'ai très mal pris. J'étais perdu. Mais je crois qu'en fait, oui, ça me soulageait. L'expulsion m'a même sauvé la vie. Je n'étais pas le leader que beaucoup cherchaient. Je n'étais pas ce que les gens croyaient que j'étais.

Dany s'arrête, se penche sur son portable. Silence. « Attends, je veux voir où en est Francfort face au Bayern… »

5

Parenthèse

Ce voyage vers l'est ne ressemble pas à ceux qu'il faisait enfant depuis Paris pour rendre visite à son père. Sur la route de Francfort, le 21 mai 1968, son interdiction de séjour en France lui est remise à Forbach, avant de passer la frontière allemande. Il a mûri la décision que la ville où son père avait décidé de reconstruire sa vie d'avocat après son retour en Allemagne, au début des années 1950, serait celle où il assumerait sa nouvelle vie d'expulsé, là aussi où il s'enracinerait. Quelle autre en Allemagne, et pourquoi pas celle-ci ? Il n'y a plus de famille en dehors d'une vieille tante, mais il s'y est fait des tas d'amis pendant ses années d'internat. Dès son arrivée, il retrouve à Francfort des condisciples de l'Odenwaldschule et des relations parmi les étudiants juifs de gauche. Il n'a que l'embarras du choix pour se loger et s'installe dans l'appartement d'un copain.

Il est loin d'être isolé. Il connaît la gloire, il jouit de son succès. Les radios et télévisions d'Allemagne et du monde rendent compte de son expulsion et de la manifestation massive qu'elle a déclenchée en sa faveur, au son du slogan « Nous sommes tous des Juifs allemands ! » Le gouvernement français chancelle sous les coups de la révolte et n'est pas loin de basculer. Dany Cohn-Bendit est devenu un mythe. Il est le visage de Mai 68, l'étudiant qui a transformé la société et fait tomber rien de moins que le monstre sacré par excellence, la figure héroïque et tutélaire de la France, le général de Gaulle. Mais le mythe est paumé. Il se sent comme un lion en cage, il se languit de Paris, il est las. À son ami Jean-Marcel Bouguereau, il pose toujours la même question au téléphone : « Tu crois que ça va durer longtemps ? » À lui-même, il se demande : « Qu'est-ce que je fous en Allemagne ? »

Pourquoi ai-je le cafard ? Que me manque-t-il à Francfort ? Les AG du 22 mars ? Le bazar dans les rues de Paris ? L'universalisme incroyable de cette manifestation qui a fait de moi un symbole de Juif allemand dans lequel je ne me reconnais pas ? Ou simplement la France, un pays qui serait bien plus le mien que je ne le croyais ? Ce qui me manque, ce sont les vibrations de ce mois de mai, l'émotion, la sensualité du moment. Quand on te met des barreaux, tu veux les enlever. C'est comme ça. Je n'arrête pas de me dire que je suis en prison en Allemagne. Est-ce que je vais devoir rester là huit mois ? Dix-huit mois ? Toute la vie ? La question m'obsède et mes origines viennent encore s'en mêler. J'ai beau savoir que c'est absurde, que c'est exagéré, que ça n'a rien de rationnel, l'histoire de mes parents se mélange dans ma tête et je me représente dans une geôle nazie.

Au cours des semaines de déprime à Francfort où je me posais comme toujours la question de mon identité, j'ai pris conscience que je ramenais tout au nazisme. Encore aujourd'hui, les films sur l'époque, que ce soit La Liste de Schindler *ou* Holocauste, *me plongent dans un état de super-émotivité. Je viens d'ailleurs de retrouver par hasard, en recherchant des photos de mes parents, un double dactylographié sur papier jauni qui en témoigne. C'est un « témoignage de moralité » rédigé sur moi par un psychologue : « M. Daniel Cohn-Bendit a souffert pendant son enfance de l'instabilité et des tensions de son milieu familial, qui ont déterminé des disharmonies du développement, soldé actuellement par une immaturité affective qui se traduit en particularité par une hyper-émotivité ainsi que par des difficultés de contrôle. » Et ça continue : « Il s'agit en somme d'une crise d'adolescence prolongée. D'autre part, M. Daniel Cohn-Bendit a été élevé dans un climat où il était toujours référé à la catastrophe qu'a représenté le nazisme, ce qui explique sa sensibilité particulière à ce sujet. »*

Ce témoignage de moralité est la pièce judiciaire qu'avait apportée son avocat pour s'opposer à une première demande d'expulsion de son client hors de France. Elle faisait suite à l'incident de la piscine, l'un de ces épisodes anecdotiques que Dany ressassait à Francfort en mouronnant et en essayant de leur donner un sens. C'était le 8 janvier 1968, en fin de journée, quand le ministre de la Jeunesse et des Sports, le gaulliste François Missoffe, était venu inaugurer la piscine de l'université de Nanterre. Les événements de mai n'avaient pas commencé mais l'ambiance était chaude et le ministre espérait opérer la cérémonie discrètement, à l'abri du regard des étudiants. Peine perdue. La rumeur de son arrivée est parvenue aux oreilles des plus provocateurs, dont Dany Cohn-Bendit. Qui s'avance vers lui, lui demande du feu et l'interroge avec un ton ironique.

« J'ai une question, Monsieur le ministre : pourquoi avez-vous complètement occulté le thème de la sexualité des jeunes dans votre Livre blanc sur la jeunesse ?

— Si vous avez un problème, vous n'avez qu'à plonger dans la piscine, lui répond François Missoffe.

— *Heil Hitler !* » lance l'étudiant.

Sa réplique lui vaut de recevoir dans la foulée une convocation de la commission de discipline de l'université. Dany Cohn-Bendit est arrêté. Il prend un avocat, Me François Sarda, un gaulliste de gauche et ami de la famille Missoffe, pour le tirer de là et trouver une excuse, dans la mesure du possible, à son « *Heil Hitler !* »

Il n'y avait pas d'excuse possible ! Cette boutade stupide, prétendument antifasciste, m'est venue parce que sa réponse à lui, qui suggérait de substituer le sport à la sexualité, m'a spontanément rappelé une théorie des

Jeunesses hitlériennes et des régimes autoritaires en général, selon laquelle il fallait soutenir le sport pour combattre les problèmes sexuels. Cela avait été mis en lumière par un psychanalyste juif des années 1930, Wilhelm Reich, dont les nazis avaient détruit tous les livres par autodafé, et qui était redevenu à la mode en Allemagne dans les années 1960. L'idée était que la suppression de l'activité sexuelle des jeunes produit des structures caractérielles qui favorisent l'asservissement politique, idéologique et économique. L'embrigadement de la jeunesse est la condition nécessaire pour que cette jeunesse se mette aux ordres du pouvoir. C'était une explication psychanalytique de la montée du nazisme. La révolte spontanée se nourrit souvent d'analogies historiques à contresens. Les fameux slogans de 68 que j'ai moi-même répétés, « CRS-SS », « Gaullisme = hitlérisme », participaient du même processus. Bien sûr que c'était bête et que j'exagérais. Il faut comprendre que dans un tel mouvement, les tares de l'exagération révolutionnaire explosent. On se laisse emporter, et pas vers la nuance intelligente. Les « USA-SA-SS », comme les « CRS-SS », sont typiques de la dérive. Comme s'il suffisait de comparer l'adversaire au Mal absolu pour justifier notre propre comportement.

L'épisode de la piscine a suscité des tas de fantasmes et de délires. François Missoffe n'a jamais exigé qu'on me poursuive. Il a confié à mon avocat que mes propos étaient idiots mais qu'il n'avait jamais demandé mon expulsion et il a donné l'ordre d'abandonner la demande. Une rumeur insidieuse s'en est suivie : si je n'étais pas expulsé, c'est que je couchais avec sa fille, Françoise Missoffe ! La future députée et ministre Françoise de Panafieu était à l'époque étudiante à Nanterre. Jean-Marie Le Pen s'est gargarisé de cette « information » de premier ordre sur le thème : « Les gaullistes couchent vraiment avec n'importe qui. » La rumeur a ressurgi de plus belle quand Françoise Missoffe est devenue une personnalité politique gaulliste, députée puis ministre, et elle a persisté des années et des années, jusqu'à aujourd'hui. Or Françoise de Panafieu, je l'ai vue pour la première fois de ma vie il y a quelques mois, pendant la visite d'une exposition de Marin Karmitz. C'était assez drôle. À près de 80 ans, je crois que nous nous sommes trouvés mutuellement sympas. C'est la seule fois que nous nous sommes parlé.

Après la fausse menace d'expulsion est donc venue la vraie, celle du 21 mai. Suivie par la manifestation de soutien à Paris, au son du slogan devenu célèbre « Nous sommes tous des Juifs allemands ». Dany, comme on l'a vu, est le premier surpris par ces adjectifs qui lui sont accolés. Il n'est plus le nomade apatride qu'il se croyait être et qu'il voulait rester. Son expulsion fait de lui, aux yeux du monde, « l'étranger » que la police ne laisse pas rentrer en France.

La manif « Nous sommes tous des Juifs allemands », je la regardais à la télévision depuis l'Allemagne. Cette solidarité était pour moi gratifiante et extraordinaire et en même temps elle m'embarrassait. Je voyais que mon expulsion était devenue une sorte de cause romantique à Paris, mais je ne voulais pas être celui qu'on honorait. Je me retrouvais à la fois enfermé dans une identité nationale et réduit à la définition de quelqu'un que je n'étais pas. Je me sentais complètement décalé. Moi qui ne me voyais à l'époque ni comme un Juif ni comme un Allemand, je me retrouve être le symbole des Juifs allemands. Je ne me posais pas non plus la question de savoir si j'étais français puisque pour moi, de fait, je l'étais. J'étais surtout et avant tout un Parisien, qui avait vécu quelques années en Allemagne.

Dans mon exil forcé à Francfort, je tournais en rond sur l'importance démesurée qu'avait donnée à ma vie le fait d'avoir un passeport allemand. Ce même passeport que j'aurais pu ne pas avoir et que j'avais pris à l'adolescence au lieu de rester apatride, sur les conseils de mon père, était ce qui permettait au pouvoir français de m'expulser… alors que mes parents avaient fui l'Allemagne pour se réfugier en France, et que de plus mon frère Gaby était français ! Tout était absurde. J'étais perdu. À Francfort, les gens me voyaient comme une star. J'avais fait la une des journaux partout dans le monde, la télévision allemande m'interviewait en permanence. Mais j'étais une star à la dérive. Des amis, me voyant tourner en rond, me proposent alors de rentrer illégalement en France. À l'époque les frontières étaient sous surveillance et les accords de libre circulation dans l'Europe de Schengen n'existaient pas.

Ces amis sont d'anciens militants de l'Algérie indépendante qui avaient organisé des passages entre la France et l'Allemagne pour les combattants du FLN. D'Allemagne, ils l'emmènent au Luxembourg. Avec de grosses lunettes de soleil et ses cheveux teints en noir, Dany passe la douane à pied et rejoint leur voiture de l'autre côté de la frontière. Direction Paris. Destination : la Sorbonne. Ils arrivent vers 18 heures. Le grand amphi est occupé. Les débats s'enchaînent. À l'entrée, Dany et ses copains sont bloqués par un gars du service d'ordre.

« C'est plein. Vous ne pouvez pas entrer.

— On doit entrer, le camarade est important, dit l'un d'eux.

— Ben voyons, dit le balèze en scrutant le petit noiraud aux grosses lunettes.

— C'est Dany Cohn-Bendit !

— Tu te fous de ma gueule ? »

Dany sort son passeport sous les yeux ahuris du gars du service d'ordre, qui les emmène jusqu'à la porte du grand amphi en plein brouhaha. Ils se positionnent en bas des gradins. « Un camarade espagnol est venu vous apporter sa solidarité. Il demande la parole ! » crie l'un des copains dans l'indifférence générale. Dany monte à la tribune, enlève ses lunettes. Le silence qui gagne tout l'amphithéâtre pendant quelques secondes se transforme en hurlements : « Nous sommes tous – des – Juifs allemands ! » « De – Gaulle, on t'a eu ! » « Les frontières – on s'en fout ! » C'est le délire. Les radios et télévisions, sur place pour couvrir les suites de la révolte étudiante, annoncent que Dany Cohn-Bendit est de retour à Paris. Dans la demi-heure qui suit, des milliers de personnes arrivent de partout pour s'agglutiner dans la cour de la Sorbonne. Dès les premières minutes, il commence à regretter la ferveur qu'il croyait avoir voulu retrouver à Paris.

C'était émouvant, enivrant, aphrodisiaque, tout ce qu'on veut, mais c'était trop. Ça m'a fait peur. J'avais l'impression de vivre un moment stalinien. Je retrouvais tout ce que j'avais fui, le sentiment de ne pas être celui qu'ils voulaient que je sois ou que je représente. Je n'étais plus moi. Avant que ça ne dégénère et que les flics n'arrivent, je me suis enfui de la Sorbonne sur la moto d'un copain et je suis resté ensuite une semaine à Paris, caché dans un bel appartement d'intellectuels. J'ai même participé à une manif. Mais j'étais mal dans ma peau. J'étais un réfugié dans ma ville en pleine révolte, obligé de me cacher. Une cavale triste et ennuyeuse. Je devais repartir. À ma demande j'ai été exfiltré de Paris.

« On a trouvé une camarade qui va te ramener en voiture », lui disent des amis. Il faut faire la même route à l'envers. S'arrêter un kilomètre avant le Luxembourg, descendre de voiture pour franchir la frontière à pied avec lunettes et cheveux teints, remonter dans la voiture et rouler jusqu'à Francfort. Tout se passe bien mais il y a un léger imprévu :

la camarade au volant a un charme fou. Elle a une MG décapotable. Elle émerge parmi les actrices de la Nouvelle Vague et vient de finir le tournage d'un film de François Truffaut, *Baisers volés*. Marie-France Pisier, au volant de sa MG, embarque Dany Cohn-Bendit en direction du Luxembourg. Ils tombent amoureux aux alentours du terminus. Leur romance n'est pas destinée à durer plus de quelques mois mais la parenthèse enchantée tombe à pic pour sortir Dany de sa neurasthénie.

J'étais fasciné par la belle actrice, elle l'était par le jeune révolutionnaire. C'était un moment d'une extrême tendresse où l'on profitait aussi l'un et l'autre de cette situation glamour, comme d'une instrumentalisation mutuelle. Elle faisait de l'icône que j'étais devenu un symbole sexuel, comme le Che ! Des années plus tard, en 1984, j'ai rencontré au Brésil une tout autre vedette. Sócrates, une star du football qui est en même temps un intellectuel de gauche. Il m'a accueilli dans le camp d'entraînement des Corinthians de São Paolo et m'a dit : « Dany, notre révolte d'aujourd'hui, c'est mieux que la tienne à Paris en 1968 ! » Il parlait de celle de 1984 contre la dictature brésilienne, dans laquelle les Corinthians avaient joué un rôle en installant l'autogestion dans leur club et en entrant sur le stade avec des banderoles revendiquant des élections libres. Plus tard, il écrira dans ses mémoires qu'il avait à l'époque deux idoles politiques, moi et le Che. Heureusement pour moi, j'ai moins mal tourné que le Che !

Le révolutionnaire et l'actrice se retrouvent à Francfort puis s'enfuient ensemble en Sardaigne avec des copains. Ils passent deux semaines à rire joyeusement, entre la plage privée d'un hôtel de luxe et les virées sur les routes de l'île, toujours suivis de près par une voiture de police et des hordes de paparazzis. Dany s'en souvient comme de « quelque chose de fou, complètement irréel. Ça nous faisait marrer ». L'actrice retourne à sa carrière française et le révolutionnaire à sa réalité d'expulsé, assigné à identité allemande. Pour lui, c'est la fin d'une parenthèse qui marque aussi un point de non-retour.

6

Un centriste à l'école de Francfort

Dany soutient Francfort contre l'OM ou le PSG, mais il est toujours pour l'équipe de France contre l'équipe d'Allemagne. Les décennies où l'invincible Mannschaft paraissait refléter les succès économiques de la République fédérale après la réunification ne lui ont jamais fait changer d'avis, même en 2006. Cette année-là, l'Allemagne commençait à cesser d'être honteuse de ses symboles nationaux. Les rues de Berlin étaient pavoisées de drapeaux noir-jaune-rouge. La Coupe du monde de football était organisée dans tout le pays, la Mannschaft accumulait les victoires jusqu'à la demi-finale perdue contre l'Italie, les gens étaient de bonne humeur et joyeux de leur fierté. C'était la première fois depuis 1945, année de naissance de Dany Cohn-Bendit, que s'affichait une telle ferveur légère, une telle exaltation sympathique avec des drapeaux allemands brandis en masse dans des rassemblements publics. Un nationalisme bon enfant qui ne faisait peur à personne. Ce mois de juillet 2006 est vécu en Allemagne comme un *Sommermärchen*, un conte d'été. Mais il a beau avoir été expulsé de France et adopté par l'Allemagne, Dany reste français de foot et de cœur. Les grandes manifestations allemandes de joie nationale, il n'y arrive pas. Son retour en Allemagne, il ne peut s'empêcher de le voir comme un paradoxe et un contresens historique. À moins que ce ne soit ici qu'il se sente enfin, pour la première fois, un peu juif ? « Le problème des Juifs, pense-t-il au début de son exil allemand, c'est l'éternel recommencement. Dès que tu es quelque part, tu dois être prêt à t'enfuir. »

Le Dany qui revient pour la deuxième fois à Francfort, après la parenthèse du retour raté à la Sorbonne et de l'escapade enchantée avec Marie-France Pisier, n'est plus le même. Le hasard de ses papiers a fait de lui un étranger. En France, il était un anarchiste allemand. En Allemagne, il est un gauchiste français. Il commence son nouvel enracinement en mélangeant les deux. Ses activités de révolté en 68 n'ont guère laissé la priorité à ses études de sociologie auxquelles il était inscrit. Il regarde maintenant la photo de lui en face du CRS comme la thèse de doctorat qu'il n'a jamais entreprise. Il peut lui donner un titre : « Docteur Dany, l'espiègle de la Révolution ». « À partir de ce moment, dit-il, je n'ai plus eu besoin de faire des études. J'étais ma propre thèse ! » Il a lu Hannah Arendt, l'amie de ses parents. L'anticommunisme est le marqueur non négociable de sa pensée de gauche. Mais dans l'Allemagne des années 1960, cet anticommunisme est en même temps l'idéologie constituante de la droite conservatrice, assimilé au tabloïd *Bild* d'Axel Springer qui mène des campagnes calomnieuses contre les militants de gauche. L'époque n'est pas à la nuance. Arendt elle-même est considérée comme de droite par la majorité des étudiants et des intellectuels, pour avoir osé comparer le stalinisme et le nazisme dans son livre sur le totalitarisme.

Malgré leur accueil chaleureux, les cadres du mouvement étudiant révolutionnaire allemand voient arriver d'un mauvais œil le mythe de la Sorbonne, qui menace de remettre en cause leur leadership incontesté. Ils n'ont pas non plus les mêmes références ni les mêmes modes de fonctionnement que de l'autre côté du Rhin. Le mouvement étudiant allemand se concentre sur les actions, sauf à Francfort où il est inspiré par la fameuse « École de Francfort » de Max Horkheimer et Theodor W. Adorno, fondatrice dans les années 1950 de la philosophie sociale et de la « Kritische Theorie ». La nouvelle génération de penseurs, dont Jürgen Habermas, a formaté les étudiants révoltés de la ville, plus théoriciens et structurés que cet actionniste libertaire venu de Paris, idéologiquement fluctuant, politiquement peu fiable. Un anticommuniste, en plus de ça ! Dany est louche. L'anarchiste allemand est aussi un anarchiste indésirable. En plus, il n'a même pas lu les philosophes de l'École de Francfort.

À l'époque, c'est vrai, je ne les avais pas lus. Pour moi, mes bagages théoriques libertaires à la sauce Socialisme ou Barbarie *suffisaient. C'est seulement des années après que je les ai lus et que j'ai essayé de comprendre. Je trouvais ces leaders étudiants si jargonnants, si pérorants, si théoriques, que ça me repoussait. Ils disaient des choses justes, sur l'idée que la philosophie doit être utilisée comme critique sociale du capitalisme, mais c'était noyé dans un langage codé avec des phrases qui duraient plusieurs minutes chacune. J'étais déjà dans une situation émotionnellement instable et ce mouvement « Kopflastig », comme on dit en allemand – qui pèse de la tête –, n'arrangeait rien.*

Dès son arrivée à Francfort, la maison d'édition Rowohlt lui propose de faire un livre sur la France, la révolte, le gauchisme. Dany s'y met avec son frère Gaby. L'éditeur leur loue un appartement dans la montagne en Bavière pour l'écrire. Ils se lisent à haute voix des passages de leurs penseurs fétiches du moment, Edgar Morin et surtout Cornelius Castoriadis et Claude Lefort, de la revue politique *Socialisme ou Barbarie*, marxistes antistaliniens et critiques du trotskysme. Un dirigeant de l'Union socialiste allemande des étudiants (SDS), Christian Semler, vient discuter avec eux toute une nuit sur la question de savoir laquelle des deux Allemagnes, divisées entre République fédérale, à l'Ouest et République démocratique à l'Est, est le modèle le plus enviable. C'est le débat théorique récurrent de ces années 1960, au point culminant du sectarisme de la guerre froide. Ils s'engueulent.

« La RDA est un État socialiste non fini, mais elle doit être notre projet d'avenir, soutient le leader étudiant allemand. La RFA est un État dégénéré à la solde des États-Unis.

— Si on est ici, toi et moi, à mener des actions publiques pour manifester, nous opposer, transformer la République fédérale, c'est bien que c'est le meilleur des deux États ! C'est une démocratie, l'autre est totalitaire. Quel projet tu veux en tirer ? »

À l'automne 1968 paraît *Le Gauchisme, remède à la maladie sénile du communisme*, en allemand chez Rowohlt et en français au Seuil, signé Daniel et Gabriel Cohn-Bendit. « Un très mauvais livre », du propre aveu des auteurs, mais qui a le mérite de rassembler les pensées politiques de Dany sur la gauche sans Lénine et le communisme, autant que sur son réformisme libertaire et rassembleur, si gênant des deux côtés du Rhin.

Une des toutes premières manifs à laquelle j'ai participé en Allemagne était contre la guerre du Vietnam. La majorité des manifestants dénonçaient l'impérialisme américain : « USA-SA-SS ». Dans leur majorité, les badauds sur les trottoirs le long du trajet détestaient fortement ces manifestations et, en général, les manifestants. Alors un jour, au milieu des manifestants, j'ai hurlé – et j'ai une voix qui porte : « Vous n'êtes pas contents ? Allez donc à l'Est ! Là, les manifestations contre toutes les décisions qui vous révoltent sont interdites ! » Les manifestants ne savaient pas comment réagir. Ils étaient complètement désorientés parce que ça, dans une manif, ils ne l'avaient jamais entendu. Et les badauds eux-mêmes n'avaient jamais entendu un tel son de cloche anticommuniste.

En France comme en Allemagne, je me sentais toujours en décalage, et une anecdote résume bien ce sentiment. À l'automne 1968, le président sénégalais Léopold Sédar Senghor devait recevoir le prestigieux prix de la Paix des libraires allemands, remis chaque année pendant la Foire du livre de Francfort, dans la Paulskirche, symbole de la révolution de 1848 en Allemagne. Il menait alors une répression assez dure contre les étudiants et on avait décidé de profiter de l'événement pour faire intrusion dans la Paulskirche, où étaient réunis tous les représentants de la société intellectuelle allemande. Le mot d'ordre était de sauter tous ensemble les barrières tenues par la police devant l'église. Je suis dans la première ligne du cortège, on avance, je saute la barrière. Et là je me retourne : personne ! Je suis le seul à avoir sauté la barrière. Les « théoriciens de la révolution » n'avaient pas suivi. Il y a des photos du moment où les policiers me cueillent comme une fleur. Je suis arrêté et incarcéré en préventive pour trouble à l'ordre public. J'avais déjà été arrêté deux trois fois pour quelques heures, mais là je me retrouve seul dans ma cellule, dans une prison à cinquante kilomètres de Francfort. Je connaissais des exemples où des étudiants restaient six à huit mois en prison en attendant leur procès et j'étais pris d'une trouille bleue. Ça m'a permis de lire Dostoïevski et Tolstoï, ce qu'il y avait dans la bibliothèque de la prison. Mon procès a finalement eu lieu au bout de deux semaines et j'ai pris neuf mois avec sursis. Mais la décision a été annulée en cassation grâce à un vieux juge social-démocrate à la veille de la retraite qui a trouvé un argumentaire juridique pour justifier un non-lieu auquel mon avocat n'avait pas pensé.

Si on résume tes années 1960, tu es un optimiste qui n'est bien nulle part. Expulsé de France et emprisonné en Allemagne, révolutionnaire et inadapté aux théoriciens de la révolution, partout décalé. Est-ce que cet entre-deux est le signe ou l'origine de ton centrisme ?

Disons que mon nomadisme a produit chez moi cette évidence de défendre en 1968 des positions politiques antitotalitaires. Cet antitotalitarisme viscéral s'est renforcé face à l'émergence des partis léninistes sectaires, qu'ils soient maoïstes ou trotskystes, en France comme en Allemagne et un peu partout en Europe. Il s'est précisé en Allemagne où je portais avec d'autres un narratif anticommuniste et autocritique, contre l'émergence d'un terrorisme de gauche. En cela mon expulsion a été salvatrice. Après Mai 68, j'étais un objet politique déraciné qui fonctionnait dans le vide. L'expulsion m'a obligé à me définir. Au début, j'essayais un peu de prouver que j'étais Dany le Rouge, ce que personne ne remettait en question, et je faisais des choses idiotes, pseudo-révolutionnaires, pour lui correspondre. Je me suis débarrassé de ça pour évoluer vers un réformisme libertaire qui correspond au besoin profond que j'ai depuis toujours de parler avec tout le monde, d'écouter tout le monde, de rassembler tout le monde, d'être contre les actions qui divisent – donc au fond, oui, d'être centriste dès le début. Tout cela me rendait atypique et singulier dans tous les milieux, qu'ils soient révolutionnaires, intellectuels ou libéraux. Ce n'était pas plus accepté dans les milieux des Verts que dans ceux de la gauche allemande. Ce n'est que bien plus tard que j'ai compris qu'en fait, j'étais un libéral-libertaire.

C'est une autre facette de la vie politique locale qui fascine Dany. Autant les discussions conceptuelles interminables le rasent, autant la « surdétermination théorique des étudiants », comme il dit, l'angoisse, autant il se passionne pour la recherche expérimentale d'une nouvelle vie collective. Il découvre un mouvement alternatif qui veut s'émanciper de l'Allemagne autoritaire par une philosophie et une pratique quotidiennes, en communautés organisées. Dany Cohn-Bendit est celui qui donnera une tournure politique à ce mouvement alternatif. Il en est un des piliers centraux, parce qu'il est antitotalitaire. À l'aube des années 1970, dans la brume des théories de l'École de Francfort qui planent comme un murmure continu sur la ville fluviale, il s'enracine ainsi dans la nouvelle Allemagne par le biais de ces communautés parallèles. Il en intègre quelques-unes.

Au fait, avec quel argent vis-tu ?

En tant qu'orphelin de père et de mère, j'avais droit à un tiers de la retraite de ma mère jusqu'à l'âge de 27 ans. Elle avait été intégrée dans la fonction publique comme juge pour enfant, je touchais 700 Deutsche Mark, l'équivalent de 3 000 francs ou plus. C'était beaucoup et je vivais de ça. J'ai travaillé dans un jardin d'enfants autogéré – qui m'a valu des ennuis, à cause de mes écrits, et dont on parlera. J'ai été libraire à la librairie autogérée Karl-Marx, qui existe toujours. J'ai participé à la création d'un journal alternatif. Mais avant tout, j'avais envie et besoin de m'échapper de cette image du révolutionnaire, de m'occuper de ma vie privée, de me stabiliser.

Ça commence bien : il tombe amoureux.

7

L'autre Allemagne

Ils se rencontrent dès juin 1968, quelques semaines après l'expulsion, dans un de ces débats qui foisonnent au sein de la gauche allemande. Barbara Köster. Il n'a pas envie de s'attarder à la décrire – « Qu'est-ce que tu veux que je te dise ? » Elle est brillante, blonde, belle, les cheveux courts à la Jean Seberg. Elle parle très vite, comme si elle voulait en permanence affirmer son émancipation. Elle est étudiante en sociologie et l'une des femmes qui émergent dans les assemblées et dont la voix fait autorité. Très École de Francfort, elle est aussi très engagée dans la pratique de vie alternative comme une manière de repenser la théorie révolutionnaire. Elle ne ressemble pas aux autres. Elle n'est pas enfermée dans les débats allemands, parle français et est francophile, a sympathisé avec le début du mouvement féministe en France et s'intéresse au reste de l'Europe. Elle n'est pas juive mais a fait le voyage en Israël, sa manière à elle d'exprimer sa révolte contre ses parents. À travers elle, Dany découvre une autre racine du mouvement allemand de révolte antiautoritaire : la remise en cause des parents et des grands-parents dans leur incapacité à parler du nazisme.

Les parents de Barbara Köster étaient nazis. Sa mère avait été très impliquée dans l'organisation des jeunes filles nazies de la ville (BDM) et son père, riche avocat, avait été un des commandants de la Wehrmacht, au point de jouer un rôle dans le massacre de partisans italiens à Monte Cassino. Avant même de participer au mouvement étudiant, Barbara militait pour le soutien à Israël face à l'Égypte de Nasser pendant la guerre de 1967 et au-delà.

Dany étant interdit de séjour en France, ils voyagent ensemble en Italie. Mais elle lui formule dès le début une demande insolite : venir chez elle à Minden, une petite ville du nord de l'Allemagne, dans le seul but d'obliger ses parents à serrer la main à un Juif. Le résultat est globalement satisfaisant. Les parents, conscients de l'enjeu, se tiennent à carreau et se montrent d'une politesse exquise. Ils ne rechignent aucunement à serrer la main au « Juif ».

Une des choses qui me fascinait chez Barbara, c'est qu'elle était l'exemple même de cette force de révolte qu'avaient les Allemands contre leur histoire et contre l'histoire de leurs parents. Cela je l'ai ressenti intimement, et ce n'était pas du tout le cas en France où le passé de la Collaboration était absent de la révolte. Comme si tout le monde avait adopté le narratif gaulliste selon lequel les collaborateurs avaient été une minorité face à une nation de résistants. En Allemagne, la « banalité du mal » qu'analyse Hannah Arendt s'était manifestée par l'adhésion d'une majorité de la population au national-socialisme depuis les années 1930. Hitler avait remporté le plébiscite du 19 août 1934 à 90 %, avec une participation de plus de 95 %, pour s'arroger tous les pouvoirs exécutifs et devenir le Führer du Reich. C'était certes une élection non libre, sans liberté de la presse, sans opposition ni droit à la parole, mais personne en Allemagne ne s'inventait une résistance collective à un joug nazi qui serait venu d'ailleurs, même s'il y avait eu des actions de résistance individuelles extraordinaires. La francophilie de Barbara m'a aidé à faire le pont entre le mouvement antiautoritaire allemand et la révolte française de 68. Deux mouvements hétérogènes qui incarnaient parfaitement à eux deux la révolte planétaire des années 1960.

La soif de liberté et le désir d'autonomie se ressemblaient. Ces révoltés partageaient le besoin de rompre avec leurs parents et grands-parents. Ils se projetaient dans un avenir qu'ils construiraient hors des règles et normes qu'ils jugeaient non seulement dépassées mais surtout répressives, imposées par la génération de la guerre. « Vivre sans entraves ! » « Cours, camarade, le vieux monde est derrière toi ! » « La bourgeoisie n'a qu'un rêve, c'est de les détruire tous ! » Tels étaient les slogans qui fleurissaient sur les murs de Paris et qui correspondaient aux ressentis des révoltés antiautoritaires allemands. Des deux côtés du Rhin, il s'agissait de rompre avec le passé et de construire un avenir désiré au rythme du jazz, des Stones, des Beatles, de Janis Joplin, de Joan Baez ou de Bob Dylan.

Je n'étais pas déchiré entre les deux mouvements, ils me fascinaient par leurs différences. Des deux côtés, j'apportais chaque fois ma double conviction anti-autoritaire et antitotalitaire. La France était le cœur d'une volonté socialiste et d'une véritable révolte intellectuelle, celle des Sartre, Camus, Gorz, Morin, Castoriadis, Lefort – qui s'est prolongée par la révolte des « nouveaux philosophes » contre le marxisme. Elle mettait l'utopie au centre des débats et obligeait à réfléchir sur la possibilité d'une autre société. La pensée en France me semblait plus ouverte, alors que le mouvement allemand était davantage une réflexion sur la vie et la responsabilité de la société par rapport à sa propre histoire. Je découvrais que l'identité de gauche se vivait différemment en Allemagne, parce que la remise en question de cette génération de nazis était un élément extrêmement fort de la révolte étudiante de 68, ce qui lui donnait une tout autre dimension. Personne n'échappait à l'introspection. Au contraire, l'introspection était un élément essentiel de la revendication politique de la jeunesse allemande révoltée contre les parents et les grands-parents.

Les différences entre les mouvements gauchistes et féministes de France et d'Allemagne m'ont frappé d'autant plus après 1978, quand mon interdiction de séjour en France a été levée et que j'ai connu le joyeux tumulte du Paris des années Giscard. C'est à ce moment-là que j'ai rencontré mon quasi-frère Romain Goupil et que j'ai retrouvé, autour de Betty Mialet qui dirigeait différentes collections aux éditions Stock, une sorte de famille française constituée d'André Glucksmann, Bernard Kouchner, Jean-Marcel Bouguereau, Jean-Marc Salmon, Maren Sell, Martine Boutang, Hélène Feldhandler, le mari de Betty Hans Reychman, Annette Lévy-Willard et son mari Ludi Boeken, bref, tous ceux que la presse a appelé « les réseaux Cohn-Bendit » lorsque, vingt ans plus tard, j'ai fait campagne aux européennes de 1999. Je comparais mon Allemagne alternative de Francfort à ce petit îlot de l'édition parisienne, nettement plus festif. Je passais des rencontres avec la Chilienne réfugiée politique Carmen Castillo à l'émission « Droit de réponse » de Michel Polac, du militantisme contre le mal-logement ou l'état des prisons à des dîners chics chez Bofinger *ou à* La Coupole *– où je n'étais pas peu fier d'avoir été interpellé par Mick Jagger :* « Hey, Dany the Red ! » *Il y avait aussi les soirées chez Coluche avec Jacques Higelin, Renaud et même Jean-Paul Belmondo, mon idole depuis* À bout de souffle. *Chez Coluche, j'avais été sidéré par toutes ces ravissantes filles en bas résille, talons aiguilles et mini-jupes en cuir, très différentes des féministes allemandes avec lesquelles je vivais dans les communautés de Francfort.*

Dirais-tu que c'est le mouvement étudiant qui a déclenché la gigantesque remise en question collective de l'Allemagne d'après-guerre, en l'obligeant à regarder en face son implication dans le nazisme ?

Indéniablement. La révolte contre l'autorité, contre l'organisation autoritaire de la vie, contre la domination du père dans la famille se confondait en Allemagne avec la révolte contre le nazisme. Comme le démontrait la théorie critique de l'École de Francfort, l'acceptation du nazisme avait pour base le caractère autoritaire de la société. Si je devais décrire ce qui m'a le plus impressionné dans ce mouvement allemand de la fin des années 1960, c'est son apport critique sur la société, absolument déterminant dans la réflexion approfondie qu'entreprendra ensuite l'ensemble du pays sur sa responsabilité historique. La force qui a obligé la société allemande à se remettre en question, c'est ce bulldozer qu'a été le mouvement étudiant.

Mais cette vague libératrice a été elle-même télescopée par un autre tsunami émancipateur : la libération des femmes. Le vaste combat contre l'autoritarisme passait par une remise en question du patriarcat et des mâles autoritaires, avec un mot d'ordre simple et efficace : « C'est à nous de prendre la parole. » Dans notre groupe, Barbara était à la pointe de ce nouveau vent de libération qui a traversé l'ensemble de la société et qui a fini par balayer toutes les mouvances issues de la vague de 68. En France, l'organisation des mao-spontex (« maoïste et spontanéiste »), « Vive la Révolution », a explosé sous les coups de boutoir des femmes révoltées. La « Gauche prolétarienne » a subi les mêmes assauts. Les femmes de cette organisation se sont opposées avec détermination à la structure hiérarchique et à la militarisation de ce parti mao-stalinien dominé par les hommes. Ce sont elles, logiquement, qui ont ainsi été à l'avant-garde du processus d'autodissolution de la Gauche prolétarienne en novembre 1970.

Évidemment, notre mouvement alternatif s'est trouvé lui aussi foudroyé par cette révolte et a explosé en plein vol. Des groupes de femmes ont alors créé leurs propres infrastructures autonomes – librairies, maisons d'édition, journaux, magazines, cafés – pour finalement faire tache d'huile dans toute la société allemande, et d'ailleurs française. La revendication du droit à l'avortement est devenue le fer de lance du mouvement féministe. « Mon corps m'appartient », « Je suis libre de choisir » : telles étaient les revendications, de plus en plus populaires auprès des femmes de toutes les couches sociales. La morale répressive des années 1960 et la prétendue normalité de la domination masculine ont été dynamitées dans les années 1970.

À la remorque de la prise de conscience collective de cette soif d'autodétermination individuelle, des mouvements spécifiques ont fait leur apparition. Les mouvements gays et lesbiens et des militants antiracistes se sont joints à la danse de la liberté. Être attentif à toutes les formes de discrimination est devenu une sensibilité intellectuelle et politique hégémonique. Il faut se rappeler que jusque dans les années 1970-80, l'homosexualité était interdite aussi bien en France qu'en Allemagne et poursuivie pénalement. Même si, comme tous les mouvements de libération, cette vague émancipatrice a été confisquée au fil des années par des idéologies radicales et intransigeantes plus connues aujourd'hui comme mouvements woke. On ne peut cependant nier ni la force ni l'importance de cette vague libératrice dans les années 1970.

Naturellement, j'étais ébranlé par cette remise en cause. Mais j'ai mis un certain temps à démanteler mon idéal révolutionnaire, même s'il était déjà anti-totalitaire, pour me familiariser avec ce que nous « révolutionnaires » dénoncions comme « démocratie bourgeoise » : la démocratie parlementaire. Lire et relire Raymond Aron, Hannah Arendt, Claude Lefort, pour comprendre l'essence de la démocratie et du parlementarisme.

Les années 1970 de Dany sont aussi celles d'une Allemagne chamboulée par son travail de mémoire et par le regard qu'elle porte sur elle-même. La révolte étudiante a commencé avec l'assassinat d'un étudiant par un policier lors d'une manifestation contre la présence du Shah d'Iran à Berlin en juin 1967, puis par l'attentat contre le jeune leader charismatique du mouvement étudiant, Rudi Dutschke, par un ouvrier proche des milieux d'extrême droite, qui portait dans sa poche un journal révisionniste. À la fin de la décennie, en 1979, la série télévisée *Holocauste* est regardée par un tiers de la population ouest-allemande et suscite des débats difficiles dans les familles. Les parents et grands-parents sont sommés de répondre à la question : « Et toi, qu'est-ce que tu as fait pendant le nazisme ? », posée par les jeunes, intransigeants et parfois injustes. Le phénomène fait boule de neige, touche tous les milieux et lève le voile sur des personnalités insoupçonnables. On se met à découvrir que tel recteur d'une grande université technique d'Aix-la-Chapelle, un libéral de gauche qui a l'oreille de toute l'élite sociale-démocrate de l'époque, avait été sous un autre nom un penseur du biologisme raciste. L'histoire allemande fourmille de cas similaires.

Comment reconstruire un État démocratique une fois qu'on a établi que la participation au nazisme avait été collective ? Des années après les procès de Nuremberg et la pendaison des responsables, l'Allemagne règle ses comptes de différentes manières. Il y a eu la fameuse gifle de Beate Klarsfeld au chancelier Kurt Kiesinger, ancien responsable de la propagande radiophonique d'Hitler. Une autre conséquence du « bulldozer » du mouvement étudiant a été le terrorisme d'extrême gauche. En 1977, la Fraction armée rouge (« Rote Armee Fraktion », ou RAF) assassine Hanns-Martin Schleyer après l'avoir détenu en otage pendant plusieurs semaines. Ce « patron des patrons » allemand avait été sous-lieutenant dans les SS et bras droit de Reinhard Heydrich, vice-gouverneur du Reich à Prague chargé de la politique d'extermination des Juifs en Bohême-Moravie. Autour de la bande à Baader en Allemagne et des Brigades rouges en Italie, une vague de terrorisme contre la démocratie libérale fait subir à l'Europe ses « années de plomb », renforcées par la violence de la répression étatique, et par la stigmatisation de toutes les velléités de révolte, qui étaient assimilées sans différenciation à un début de terrorisme. Comment le révolutionnaire antitotalitaire qu'était Dany jugeait-il le terrorisme d'extrême gauche de la RAF ? Condamnait-il l'organisation criminelle ou approuvait-il son « radicalisme révolutionnaire » et sa chasse aux nazis ?

Le terrorisme est pour moi l'étape ultime, la plus perverse, des différentes pensées révolutionnaires. On ne pouvait pas être contre la peine de mort, comme je l'ai toujours été, et soutenir qu'un mouvement politique quel qu'il soit ait le droit de tuer. Ç'aurait été complètement aberrant. J'étais aussi celui qui s'opposait en permanence à la tendance totalitaire qui existait même au sein de notre mouvement spontex. Des courants autonomes très militants prônaient une confrontation violente avec la police. D'autres participaient aux actions du terroriste international Carlos. Une autre fraction encore avait organisé une tentative d'attentat contre une maison de retraite juive, soi-disant pour lutter contre le sionisme. Il n'y avait pour eux aucune limite morale à la violence « antisioniste ». Non seulement j'étais fondamentalement contre, évidemment, mais pour moi ces mouvements terroristes incarnaient un fascisme de gauche qui me révoltait.

Il y avait un débat intense sur ce sujet dans ce milieu alternatif. J'étais celui qui menait le combat contre les sympathisants du terrorisme, contre le mythe de la guérilla. Par exemple en 1976, après la mort en prison d'Ulrike Meinhof, une des dirigeantes de la RAF qui avait perpétré de nombreux attentats en Allemagne dans les années 1960 et 1970, la réaction au sein des mouvances les plus radicales a été immédiate : « Elle a été assassinée. » Elle avait été retrouvée pendue dans sa cellule. J'étais convaincu que c'était faux et qu'elle s'était suicidée, ce que l'autopsie a confirmé ensuite, mais une grande manifestation a eu lieu pour s'indigner contre l'assassinat d'Ulrike. Une voiture de police a été incendiée par un cocktail Molotov, un policier a été gravement brûlé. Une dizaine de militants soupçonnés d'y avoir mis le feu ont été arrêtés – dont Joschka Fischer (le futur ministre Vert des Affaires étrangères). Ils n'y étaient pour rien, et leur séjour en prison les a fait réfléchir sur le fait que le militantisme pouvait être dévastateur. Notamment Joschka.

Ce débat virulent sur le terrorisme est au cœur du journal que Dany et ses amis lancent en 1973 sous le titre *Pflasterstrand* (soit en français : « Pavés-Plage », en hommage au fameux slogan de Mai 68 « Sous les pavés, la plage »). C'est un contre-journal politico-culturel destiné à ce mouvement alternatif qui concerne plusieurs milliers de personnes à Francfort. Ouvert aux libres opinions qui participent à la réflexion sur l'actualité, il ne tarde pas à devenir le magazine de référence de cette « Sponti-Szene », le milieu anarchiste spontex. Et les deux thèmes majeurs qui occupent alors les spontex sont l'écologie et le terrorisme. De semaine en semaine, le *Pflasterstrand* débat sur l'assassinat de Schleyer par la RAF autour de la question de l'inversion des criminels et des victimes. Comment Schleyer, l'ancien nazi dont on aurait fêté la mort pendant l'occupation de Prague, s'il avait péri avec son chef Heydrich dans la voiture piégée par les résistants tchécoslovaques, comment le même Schleyer peut-il être pleuré et regretté trente ans après, alors qu'il est pris en otage et assassiné par la RAF ? La Fraction armée rouge l'a pourtant tué au nom de ce qu'elle considère comme une justice rendue à l'histoire. Mais par une étrange inversion des valeurs, on se désole de l'assassinat d'un homme devenu quelqu'un de bien, un représentant du patronat particulièrement apprécié des syndicats, très social, ouvert à la négociation et aux compromis. L'ancien nazi est devenu une victime. Tout s'est inversé. La RAF s'est transformée en un bourreau sanguinaire et inhumain.

Dany n'a jamais été tenté par l'action violente et encore moins terroriste. Il a cependant mis un certain temps à ne plus considérer les terroristes comme des camarades qui se trompent mais comme des assassins totalitaires. En octobre 1968, il assiste au premier procès d'Andreas Baader et Gudrun Ensslin, les futurs cadres de la RAF. Ils avaient tenté de mettre le feu au dernier étage d'un grand magasin pour démontrer qu'on pouvait faire brûler Francfort comme le Vietnam. « *Bring the war home* » (« apporter la guerre chez nous »), telles étaient leurs intentions. Ils ont été condamnés à quatre ans de prison. Dany semble prendre parti pour la RAF quand à la sortie du palais de justice de Francfort il déclare : « Ce n'est pas à la justice bourgeoise de les condamner mais à nous de les juger. »

C'était une boutade idiote. Étais-je à ce moment-là complaisant à leur égard ? Non, car j'avais auparavant dénoncé leur tentative d'incendie criminel. Mais à l'époque, j'avais encore une réaction de gauchiste contre la justice bourgeoise et son institution. Toutes les rencontres que j'ai eues avec eux après leur libération anticipée, un an plus tard, m'ont persuadé qu'ils n'étaient pas seulement antipathiques et d'une arrogance incroyable. Ils pratiquaient un prosélytisme de la violence et de la haine, en essayant de recruter des jeunes en marge de la société pour en faire des cadres de leur future Rote Fraktion. *Ils leur distribuaient le* Petit Livre rouge *de Mao pour les « éduquer à la révolution ». Ils espéraient ainsi qu'ils deviendraient les futurs cadres de leur armée rouge révolutionnaire.*

Baader était un gigolo du terrorisme qui était porté idéologiquement par deux femmes, Ulrike Meinhof et Gudrun Ensslin. C'était d'un côté un dragueur, de l'autre un inconscient qui par exemple, tout en étant recherché par la police, était capable de remonter une rue à sens unique dans une décapotable simplement pour montrer qu'il en était capable. Je l'ai rencontré à Francfort quand lui et d'autres de sa bande venaient faire leurs opérations de recrutement dans des lieux de réunion du mouvement étudiant. On était quelques-uns à s'opposer à cette instrumentalisation de marginaux par une idéologie révolutionnaire. Eux nous disaient qu'on n'était que des tchatcheurs et qu'ils étaient les seuls vrais révolutionnaires. Ils réussissaient à convaincre des jeunes qui avaient été condamnés et qui se trouvaient dans des résidences en liberté semi-surveillée, avec obligation de se présenter à la police régulièrement. Ils se rendaient dans leurs résidences pour soi-disant les libérer et les préparer à la clandestinité.

Et Hans-Joachim Klein ? Ce jeune de Francfort faisait partie du commando qui avait organisé la prise d'otages meurtrière de 1975 sous l'égide du terroriste international Carlos, lors d'une conférence des ministres de l'OPEP à Vienne. Pendant une vingtaine d'années, il a été caché en France par des amis influents. Dont toi ?

J'ai protégé Klein mais je ne l'ai pas caché. Il avait été grièvement blessé pendant la prise d'otages de l'OPEP qui a fait trois morts et il s'était évadé avec Carlos en Algérie puis en Palestine. Après des pérégrinations en France, il a été accueilli par des paysans avec qui il a travaillé et chez qui il s'est établi. On le connaissait bien, il était proche de notre mouvement Revolutionärer Kampf *(« Combat révolutionnaire »). Il était un habitué de nos communautés, un jeune beau gars sachant profiter de sa masculinité pour draguer avec succès. C'était un jeune apprenti carrossier qui s'était mis à fréquenter notre milieu gauchiste alternatif après avoir quitté l'école à 16 ans. Il faisait partie du milieu alternatif, comme on disait à l'époque. Il était d'ailleurs le mécano attitré de nos voitures. Puis on a vu Klein se radicaliser dans les collectifs du Secours rouge, très actif dans le soutien des prisonniers terroristes qui étaient incarcérés sans ménagement. Soudain, il est passé dans la clandestinité et est parti pour la Palestine rejoindre Carlos, le terroriste international qui avait organisé notamment des attentats en France.*

Deux ans après l'attaque de l'OPEP, il nous a contactés. Il s'était éloigné du terrorisme et dissocié de la lutte armée. Il avait envoyé un revolver au magazine Der Spiegel *avec une déclaration : « Je dénonce tout ce que font ces terroristes », et nous avait écrit en nous demandant de l'aide. Avec des amis, on a organisé son exfiltration et sa mise en sécurité jusqu'à ce qu'il soit caché en France. On a publié une tribune collective dans notre journal* Pflasterstrand, *signée nommément par moi, pour dire « Nous soutenons Klein qui dénonce le terrorisme ». Au cours de son procès, près de vingt ans plus tard, le juge a été impressionné par sa dérive et sa vie de repenti, qu'il a racontées en 1980 dans un livre,* La Mort mercenaire. *Il a été condamné à neuf ans de prison en 2001, puis gracié en 2009, et il est mort en 2022. Autour de l'histoire de Klein, j'ai mené avec d'autres une lutte permanente contre le terrorisme comme l'émanation totalitaire d'une idée pseudo-révolutionnaire. En France, des intellectuels comme André Glucksmann ou des journalistes comme Jean-Marcel Bouguereau se sont cotisés pour le soutenir.*

Pendant ces années 1970, Dany vient de temps en temps à Paris, illégalement. Il atterrit un jour au journal *Le Monde*, rue des Italiens, dans le bureau de Pierre Viansson-Ponté, l'auteur du fameux article du 15 mars 1968 devenu célèbre, intitulé « Quand la France s'ennuie... », dans lequel il regrettait la passivité des jeunes en France en reprenant la formule de Lamartine sous la monarchie de Juillet. Le journaliste lui demande de venir lui raconter, en tant que témoin d'une révolte qui vacille théoriquement et pratiquement, l'ambiance des années de plomb. Sa vie en Allemagne, il en rend compte plus tard dans un livre d'entretiens, mélange d'autobiographie et de fiction. *Le Grand Bazar* est publié en France en 1975. Sur la couverture est reproduite la fameuse photo de Gilles Caron montrant le jeune rouquin souriant face à un CRS devant la Sorbonne. Parmi de nombreux épisodes de sa vie post-1968 en Allemagne, Dany relate ce métier d'éducateur dans un jardin d'enfants alternatif et autogéré. Dont sa confrontation avec l'éveil des enfants à la sexualité et des scènes de « jeux » au jardin d'enfants qui le poursuivent depuis des décennies, comme une marque au fer rouge.

De cette époque et de ses propos, que regrettes-tu – ou pas ?

Le Grand Bazar *est un livre-interview qui relate ma vie en Allemagne dans les années 1970, et entre autres mon expérience dans ce jardin d'enfants anti-autoritaire où j'ai travaillé pendant deux ans, en 1972 et 1973. En quelques pages, j'essaie de résumer l'idée qu'un enfant de 4-5 ans a déjà une imagination et des désirs sexuels. Je prends l'exemple de la volonté de certains enfants à jouer au docteur et je parle de la « composante érotique » de leurs jeux. C'est là que, par une volonté de provocation qui est aujourd'hui incompréhensible et intolérable, je raconte comment les enfants désiraient me déshabiller pour m'opérer.*

Ce que je n'ai pas dit dans l'interview, c'est qu'ils ne m'ont pas déshabillé. Les enfants avaient ce désir d'outrepasser un tabou et ça s'est arrêté là. Ce qu'il manque dans le récit que j'en fais, ce sont deux phrases qui expliquent clairement qu'il n'y avait pas d'expérience sexuelle vécue entre les enfants et moi. Ce qui est intolérable et condamnable, c'est que j'aie cru malin de laisser planer le doute et de ne pas préciser s'il s'agissait d'une réalité ou d'un fantasme de leur part. D'ailleurs, si ces gestes avaient vraiment eu lieu, je ne les aurais pas racontés comme ça, car même à l'époque ils étaient condamnables, et je les aurais condamnés.

En 1977, *Le Monde* et *Libération* publiaient une pétition défendant les relations sexuelles entre adultes et enfants. Elle était rédigée par Gabriel

Matzneff et signée par le gratin de la gauche intellectuelle française – Louis Aragon, Roland Barthes, Simone de Beauvoir, Bernard Kouchner, Jack Lang entre autres. Tu aurais pu la signer ?

Je ne l'ai pas signée. Je n'étais pas en France et je ne l'ai même pas vue passer. Est-ce que je l'aurais signée ? Je ne crois pas. C'est facile à dire après coup. C'est en tout cas un des effets de cette révolte culturelle, qui comme souvent, a produit sa propre perversité. Au nom de la révolution des mœurs et de la libération sexuelle, on en est arrivé à tolérer une domination abjecte, celle qui s'exerce sur les enfants, jeunes filles ou garçons.

Quelques années plus tard, en 1982, tu insistais encore sur le plateau de l'émission « Apostrophes », où Bernard Pivot t'avait invité face à l'écrivain Paul Guth, pour dire à quel point cette expérience du jardin d'enfants était « fantastique ».

Ça faisait partie de mon numéro de provocation. Parce que je m'étais enfermé dans le rôle de vouloir dénoncer le puritanisme de l'époque et les pudeurs qu'avait la société bourgeoise à regarder en face la sexualité. Dans la réalité, les enfants jouaient au docteur avec moi et il ne se passait rien. Ils n'ouvraient même pas la braguette mais ils avaient envie de l'ouvrir parce qu'ils sentaient que c'était tabou. Je trouvais ça drôle, dans ces années-là, de choquer le bourgeois. Ma provocation était d'autant plus bête et insoutenable qu'elle négligeait l'existence d'un véritable mouvement pédophile au même moment.

Il est intéressant de noter que ni cette émission ni le livre n'ont fait scandale à la diffusion et à la publication. Le Grand Bazar *a eu droit à un article sympathique dans* Le Monde. *Sur le plateau d'« Apostrophes », Paul Guth était choqué mais Pivot, à son habitude, ne l'était pas. Il m'a d'ailleurs défendu dans sa chronique du* Journal du dimanche *quand l'affaire est sortie des années plus tard. Ce n'est que près de vingt-cinq ans après la publication du livre que l'accusation de pédophilie a surgi, dans un tout autre climat politico-médiatique. Les parents des enfants dont je m'étais occupé, et les enfants eux-mêmes, ont d'ailleurs pris position publiquement pour dire qu'il ne s'était rien passé.*

Comment l'affaire a-t-elle surgi ?

Elle est arrivée via l'Angleterre, en 2001, par la fille de l'ex-terroriste Ulrike Meinhof, qui voulait régler leur compte aux anciens soixante-huitards et se venger des opposants à la Fraction armée rouge, comme moi, dont elle considérait qu'ils étaient des profiteurs et qu'ils avaient laissé tomber sa mère. Alors que Joschka Fischer était devenu ministre, elle avait voulu prouver – ce qui était faux – qu'il avait lancé des cocktails Molotov contre des policiers, et que moi j'étais pédophile. Elle avait organisé la publication de phrases du livre dans des tabloïds anglais, qui ont été reprises en Allemagne, en France, en Italie, en lançant tout un débat sur la contextualisation de ce qui fait scandale. Après l'intervention spontanée des parents et des enfants en ma faveur, je me rappelle avoir rencontré dans la rue l'écrivain Philippe Sollers. Il m'a dit : « Ne t'en fais pas, Dany. Quand il n'y a pas de feu, la fumée s'éteint. »

En fait c'est ce qui est advenu mais c'était avant les réseaux sociaux. En 2009, François Bayrou s'est chargé de relancer l'accusation pendant la campagne des élections européennes. J'étais candidat pour Europe Écologie, lui pour le MoDem. Je savais qu'il préparait un sale coup et il a fait une allusion dans une émission où on était face à face. Cette émission où je lui ai dit : « Eh bien mon pote, je te dis : jamais tu seras président de la République, parce que t'es trop minable pour ça. Trop minable. »

Quel regard portes-tu sur ce goût que tu as de la provocation ?

C'est une de mes faiblesses. Il y a une fascination chez moi pour la provocation parce qu'elle déconcerte. Elle correspondait dans les années 1970 au mouvement alternatif dont l'essence était de s'opposer radicalement au reste de la société. Mais cette recherche d'aller toujours plus loin pour déconcerter a été à certains moments de ma vie un signe de faiblesse psychologique, comme si cela pouvait m'assurer d'être à la pointe du combat.

Est-ce que cette affaire a nui à ta carrière ?

C'est une réalité. Comme dans La Tache, *le roman de Philip Roth, c'est ma tache. Ce n'est sûrement pas la seule mais c'est la plus grossière et elle est indélébile. Sur Internet, ça restera toute la vie. J'aurais aimé être une personnalité sans tache. Qu'elle soit instrumentalisée sur Internet par les milieux qui veulent dénigrer ce que je représente humainement ou politiquement, c'est la vie, c'est le monde d'aujourd'hui. Le problème n'est pas de la regretter, même si je la regrette. Ce qui est difficilement pardonnable de ma part, c'est d'avoir voulu provoquer de cette manière. C'est en quoi la scandalisation, même vingt ans après, n'est pas scandaleuse.*

Dany quittera le jardin d'enfants au milieu des années 1970 pour s'occuper de la librairie autogérée Karl-Marx – où le remplacera Joschka Fischer – puis pour créer le journal *Pflasterstrand.* Si sa période allemande est marquée par l'omniprésence de la révolte militante et du terrorisme, elle se déroule aussi dans une Allemagne parallèle, dans ce mouvement alternatif organisé en communautés. Alors commence un combat pour squatter les maisons et appartements vides, amenés à être détruits pour construire des tours. Ce *Häuserkampf* – « combat pour les maisons » – est le déclic qui donne lieu à une reprise en mains de la ville par quelques milliers de personnes organisées en communautés gérées collectivement. Ainsi se fondent des petites entreprises alternatives à travers le pays et en particulier à Francfort : des cafés, des librairies, des jardins d'enfants, des imprimeries, des théâtres… C'est de l'un de ces théâtres autogérés qu'a émergé entre autres le metteur en scène Rainer Werner Fassbinder. Des révoltes de squats ont lieu pour défendre le théâtre ou l'éducation alternative contre les projets de démolition des lieux. Si la France a son équivalent contemporain avec le groupe « Vive la révolution » de l'architecte Roland Castro, l'expérience de la ville de Francfort présente la singularité qu'aucun parti politique ne prend le pouvoir sur cette vie alternative et autogérée. Des spontex sans Mao, quand l'extrême gauche était traversée en Europe par un courant mao-léniniste. Les mao-spontex allemands étaient, eux, plus libertaires que communistes.

Leur vie alternative implique la recherche d'une autre relation avec les milieux ouvriers, non pour les guider mais pour les comprendre et échanger avec eux. Certains s'établissent en usine, comme des groupes maoïstes le font en France. Des hommes vont travailler à l'usine Opel, dans la grande banlieue de Francfort ; des femmes chez Neckermann, un grand centre de distribution, l'équivalent allemand de La Redoute. L'un de ces établis s'appelle Joschka Fischer. Ils organisent des mouvements de solidarité, autant pour les anticommunistes tchécoslovaques réprimés après le printemps de Prague que pour les victimes espagnoles de la répression fasciste de Franco qui avait fait condamner des militants à la peine de mort. L'ex-leader étudiant Rudi Dutschke, retiré au Danemark après son attentat et qui avait repris la politique à la fin des années 1970, s'active alors à leurs côtés.

Choisir à l'époque de s'installer en communauté était pour moi – pour nous – un acte politique. Notre révolution culturelle. On ne pouvait pas vouloir changer la société sans être capable de changer ses normes de vie quotidienne. Le passé trop lourd obligeait à une rupture et celle-ci ne pouvait pas être seulement théorique, elle devait avoir une dimension pratique, réelle, immédiate. C'était le sens de Revolutionärer Kampf, *le groupe qu'on avait créé avec Barbara et d'autres. On se voulait une « force spontex antitotalitaire qui se fondait sur des expériences de vie collectives ». On était contre le marxisme-léninisme, pour la révolution culturelle, pour la révolution sexuelle, ici et maintenant. On habitait dans des communautés à quatre, cinq, six. Plus tard on était huit ou neuf. J'avais fait un film à l'époque pour FR3 qui s'appelait* À chacun son Allemagne, *qui décrivait ces Allemagnes parallèles à celle que dirigeait le chancelier Helmut Schmidt et avec laquelle discutait le président Valéry Giscard d'Estaing.*

C'est à partir de ce moment-là, au cours des années 1970, que j'ai trouvé une stabilité personnelle : dans ce mouvement communautariste de contre-milieu où tu pouvais passer ta journée à vivre en dehors de la société. J'ai compris que mon expulsion de France avait été salvatrice. J'avais besoin de sortir de mon nomadisme apatride et de m'enraciner pour être autre chose qu'une machine révolutionnaire. Paradoxalement, c'est en vivant dans une autre Allemagne que j'ai commencé à devenir allemand.

À la fin des années 1970, le mouvement et le groupe « Combat révolutionnaire » *se sont mis à tourner en rond. Je me trouvais de nouveau dans un vide politique et idéologique. Je perdais les pédales. Plus le mouvement dégénérait, plus la radicalité que je condamnais l'emportait, plus la provocation, qui est la maladie infantile de mon gauchisme, prenait le dessus, parce qu'elle était la dernière chose qui me reliait à une révolte que je ne sentais plus. C'est là que j'ai commencé à réfléchir sur la fin de la pensée révolutionnaire et à retrouver mon argumentaire réformiste, qui m'amènera – nous amènera – à intégrer le mouvement écologiste. Ça, je le comprends en lisant André Gorz. C'est lui qui m'a rendu écologiste théoriquement. Gorz a été pour moi le trait d'union entre la critique sociale, le gauchisme, l'antitotalitarisme et la réflexion écologique.*

Dany n'est pas le seul à franchir le gué. Au cœur des deux débats qui animent le mouvement alternatif de Francfort, le terrorisme et l'émergence des Verts allemands, se trouve le plus fidèle de ses compagnons de route. Un ancien établi de l'usine Opel, un ancien libraire de la librairie Karl-Marx. Joschka Fischer.

8

Joschka, la Bosnie et le point de bascule

Joschka Fischer était venu rejoindre le *Revolutionärer Kampf* au début des années 1970. Fils d'un boucher exilé de Hongrie dans le Bade-Wurtemberg, il s'était enfui à 16 ans avec une jeune fille en direction de Gretna Green. Ce village d'Écosse était particulièrement prisé par les jeunes amoureux fugueurs : il permettait le mariage dès l'âge de 16 ans sans l'autorisation des parents. Joschka avait intégré le mouvement étudiant de Francfort en 1968, sans baccalauréat, vivant de petits jobs et de traductions de l'anglais à l'allemand, y compris de livres pornos. Pour se fondre dans le milieu des révolutionnaires de la bourgeoisie qui suivaient des études, il s'était appliqué à rattraper son retard et le soir, seul dans sa chambre, s'astreignait à lire tout Hegel, tout Marx, et Adorno et Horkheimer. Dany a adopté dans le groupe cet autodidacte exceptionnel qui n'aura pas de mal, plus tard, à absorber les dossiers les plus complexes au ministère des Affaires étrangères.

À l'image du milieu autonome libertaire, le jeune Joschka s'oppose en Allemagne à la « société bloquée ». Il s'est établi comme ouvrier à l'usine Opel. Avant de remplacer Dany à la librairie Karl-Marx de Francfort, il défend, contrairement à son ami, un militantisme très dur. Il combat le terrorisme mais préconise l'action de rue. Dans le grand débat qui sévit dans le mouvement alternatif gauchiste sur fond de Fraction armée rouge et de fascination pour la violence, il fait partie de ces jeunes hommes qui n'ont pas connu la guerre et qui ont besoin de se confronter avec la police tout en prônant l'application de la théorie du « contre-milieu », une alternative de vie et de politique au capitalisme. Des photos le montrent en train de lancer des pavés sur les forces de l'ordre, avant d'être arrêté. Il n'a jamais nié qu'il avait été « un militant un tant soit peu violent pour remettre en cause l'ordre capitaliste de la République fédérale ». La position antitotalitaire de Dany, qui joue un rôle précis dans ce milieu se voulant révolutionnaire, finit par l'influencer.

En ce milieu des années 1970, la guerre froide entre l'Est et l'Ouest est plus glaciale que jamais après une période de détente, jusqu'à la crise des euromissiles qui agite les populations au sein même des pays de l'Otan. La gauche allemande est divisée face à la décision de l'Otan, en 1979, de déployer en Allemagne des fusées Pershing et des missiles de croisière américains, en réponse aux SS-20 que les Soviétiques commencent à installer dès 1977, afin de rétablir l'équilibre militaire sur le continent européen. De l'autre côté du Rhin, François Mitterrand pointe l'incongruité des opposants à ces euromissiles d'une formule historique : « Le pacifisme est à l'Ouest et les euromissiles sont à l'Est. Je pense qu'il s'agit là d'un rapport inégal. » La phrase du président français va à contre-courant des slogans pacifistes et des manifestations antinucléaires qui forgent l'identité de l'Allemagne d'après-guerre. C'est le point de départ de l'histoire des Verts allemands, dans le prolongement de la révolte étudiante.

En 1980, la conjugaison de la crise des euromissiles et de l'opposition à la construction de centrales nucléaires donne naissance à ce parti politique autonome, écologiste et de centre gauche mais plus à gauche que le SPD, qui prend le nom de *Die Grünen* (« Les Verts »). Dany Cohn-Bendit et Joschka Fischer observent l'évolution du nouveau parti Vert en compagnons de route attentifs. Son existence perturbe le mouvement alternatif et change la donne. La question taraude les camarades : faut-il ou non rejoindre les Verts ?

En mars 1980, ma vie personnelle prend un tournant inattendu et décisif. Cela commence par une semaine dans les Dolomites avec quelques amis pour faire du ski. Et dans le groupe, il y avait Ingrid Apel. Ingrid était une enseignante de collège, une militante du mouvement des femmes qui avait participé à la création d'une librairie des femmes de Francfort,

Frauenbuchladen, *à cinquante mètres de la librairie Karl-Marx où je travaillais. Nous nous étions aussi côtoyés dans les manifestations contre l'implantation de centrales nucléaires. Comme en France à cette époque, le mouvement féministe dont Ingrid faisait partie ne cessait de remettre en question les structures de domination masculine de nos pratiques politiques. Nous nous sommes bien sûr souvent chamaillés à ce sujet.*

Nous avions beau faire partie du même milieu alternatif de Francfort, le coup de foudre dans les Dolomites fut irrésistible et réciproque. Ingrid était très belle, avec de longs cheveux et une élégance inhabituelle dans le milieu alternatif. Elle avait aussi l'aplomb d'une mère protectrice de son fils âgé de 2 ans et amoureuse de son mari, tout en étant visiblement sensible à des vibrations extraconjugales. Elle avait connu Heino à l'âge de 17 ans et leur fils, Niko, était né onze ans plus tard. J'étais complètement bouleversé par cette femme. À peine quelques semaines plus tard, nous décidions de quitter nos partenaires respectifs. Nous vivions l'un et l'autre en communauté. Ingrid avec son mari, son fils et un autre couple, et moi dans un appartement. Beate, ma compagne depuis cinq ans, habitait de son côté dans une communauté de femmes. Nous n'aurions pas été de vrais alternatifs sans de vraies vies alternatives ! Les séparations se sont faites pareillement, « à l'alternative ». Heino s'est plié avec élégance à la nouvelle situation, ne voulant pas mettre en péril sa relation avec son fils et redoutant de lui infliger une séparation douloureuse. J'ai d'abord continué à vivre dans ma communauté tout en passant mes nuits dans celle d'Ingrid, Heino a rencontré une autre femme, Gudrun, et ce fut le début d'une belle histoire de famille recomposée. Nous passions les fêtes de fin d'année ensemble et même, de temps en temps, des vacances.

En hiver 1987, un choc nous a rapprochés encore davantage. Ingrid a été victime d'un anévrisme et sauvée après une opération de cinq heures. Pour célébrer sa guérison, notre fils Bela est né le 3 juillet 1990 et nous nous sommes mariés sept ans plus tard, le 31 août 1997 à Lauret, au pied du pic Saint-Loup. Je voulais lui montrer que ma première campagne européenne en France ne signifiait pas mon retour à Paris. Je resterai vivre à Francfort avec Ingrid, Bela et Niko, bien enraciné dans ma famille recomposée. Je ne pouvais plus imaginer une vie sans nos échanges quotidiens et cela fait maintenant près de quarante-cinq ans que nous formons un mini-collectif de réflexions permanentes nous permettant d'appréhender l'histoire dont nous sommes aussi bien les acteurs que les spectateurs, du mouvement alternatif à la chute du mur de Berlin en passant par la lutte des femmes et le mouvement des Verts.

Je suis fier que notre famille soit un modèle de réussite de la société multiculturelle. Ingrid est une goy, je suis un Juif non juif, la femme de Niko est d'origine marocaine, la femme de Bela d'origine érythréenne. Nos petits-enfants, Amina, Younes et Elio, sont des Allemands issus de tous ces mélanges. Depuis le 7 octobre et la guerre qui s'en est suivie, mes conversations avec Ingrid tournent et retournent chaque argument. Son expérience en tant qu'enseignante de collège et assistante pédagogique à l'université de Francfort m'éclaire sur le rôle de l'école dans une société de plus en plus multiculturelle. Mais un autre événement de ma vie personnelle est moins réussi. Il y a une dizaine d'années, j'ai appris que j'étais le père d'une fille, Mascha, que je connaissais depuis longtemps. J'avais eu une relation éphémère avec sa mère en 1972 dans une communauté à Francfort et Mascha, prise d'un doute quarante ans plus tard, a demandé à sa mère la vérité. Le test ADN fut sans appel : c'était moi. Malheureusement, Mascha et moi avons été incapables de nouer une relation père-fille avec l'émotion nécessaire. Elle m'en veut de cette irresponsabilité de notre milieu alternatif qui a précédé sa naissance et nous n'arrivons pas, ni elle ni moi, à remonter le temps.

Le 26 avril 1986, l'annonce de l'explosion accidentelle d'un réacteur de la centrale nucléaire de Tchernobyl, dans l'Ukraine de l'Union soviétique, a l'effet d'un réveil. Dany ne se sent pas concerné par les mouvements pacifistes mais il l'est par les actions antinucléaires. Les « spontex » de Francfort organisent des groupes de travail sur le danger de cette énergie, si complexe qu'elle est nécessairement gérée par des experts incontrôlables. Autant les Français préfèrent se laisser convaincre que le nuage radioactif émanant du réacteur, pour d'étranges raisons argumentées par divers savants, allait contourner la France en s'arrêtant à ses frontières, autant il déclenche une angoisse exagérée en Allemagne, plus proche de l'Ukraine.

C'était l'hystérie. Les gens n'achetaient plus de lait, tous les légumes étaient suspects, on n'avait plus le droit de jouer au foot sous prétexte que les terrains étaient contaminés. Au-delà de ce moment de panique s'est concrétisé un véritable rejet de cette énergie non maîtrisée et non maîtrisable envers laquelle les Allemands éprouvaient déjà de la méfiance. J'étais fasciné par ces mouvements qui posaient la question centrale du rapport de nos sociétés à l'environnement et à la nature. Je n'étais pas particulièrement écolo, mais j'ai compris à ce moment-là qu'on subissait une prise de pouvoir de la logique industrielle sur la nature, sans penser aux conséquences. J'ai été très influencé par André Gorz, qui avait évolué du marxisme vers une critique de la croissance capitalistique démesurée et de ses effets sur la survie de l'espèce humaine, avec des arguments très politiques.

Gorz est l'auteur du premier discours écolo que j'ai lu de ma vie. Après l'élection de Giscard d'Estaing en 1974, il avait écrit dans Le Nouvel Observateur *le discours que Giscard aurait dû prononcer. En s'appuyant sur le rapport du Club de Rome de 1972 sur l'environnement, dans lequel des chercheurs américains définissent la limite de la croissance et remettent en question le modèle économique de développement de nos sociétés industrielles, il mentionnait déjà la question du réchauffement climatique et de la mise en danger de la planète. Je n'avais jamais rien lu d'aussi efficace pour comprendre la menace sur notre avenir, avec des propositions politiques concrètes que le nouveau président devait faire siennes. Ces deux événements, l'explosion de Tchernobyl et le texte de Gorz, m'ont poussé à m'orienter vers cette nouveauté qu'était le mouvement environnemental, en participant à des manifs. Et collectivement, avec les spontex de Francfort autour du journal* Pflasterstrand, *on a décidé de rejoindre les Verts.*

Cette décision est facilitée par une réflexion parallèle. En ce début des années 1980, ils sont quelques-uns dans le groupe de Francfort à vouloir en finir avec la tentation révolutionnaire. Dany est l'un des premiers à le formuler. Il estime que l'opposition extraparlementaire (désignée sous le sigle APO pour *Ausserparlamentarische Opposition*), qui revendique la liberté de parole sans représentants au Bundestag ni porte-parole officiels, et qui a marqué la République fédérale allemande des années 1960, a atteint ses limites. Pour changer vraiment les choses, Dany en est convaincu, il faut sortir du mouvement alternatif, rejoindre les Verts et se faire élire au Parlement. Avec des journalistes de *Pflasterstrand*, il écrit : « Nous devons prendre conscience que les mouvements extraparlementaires correspondent aux marées : ça monte et ça redescend. Aujourd'hui, après ces grandes mobilisations contre le nucléaire et le réarmement, il est temps de créer une force politique capable de changer l'orientation du gouvernement, et elle passe par le Parlement. » Le débat s'ouvre. Celui qui s'y oppose de la manière la plus radicale s'appelle Joschka Fischer. « Notre rôle historique est de montrer qu'une autre vie est possible, pas d'intégrer la machine parlementariste du système », poursuit-il dans *Pflasterstrand.*

« Il faut qu'on déjeune. » Joschka a une idée sérieuse à soumettre à son ami. Ils se retrouvent dans un café de Francfort. Dany est venu avec Ingrid, avec qui il vit depuis quelques années.

« Dany, j'ai réfléchi. C'est toi qui as raison. On doit tourner la page des idées révolutionnaires et construire une politique économique et sociale réformiste. Un mouvement politique doit s'exprimer à travers les institutions. Il n'y a qu'au Parlement qu'on peut influencer les décisions. Tu dois être investi comme candidat des Verts pour les prochaines élections fédérales.

— Joschka, je suis d'accord. Mais les démarches pour s'intégrer dans le parti, la tournée des popotes pour obtenir des soutiens, les réunions de parti pour convaincre les adhérents, c'est pas ma tasse de thé. On va faire le contraire. Ce n'est pas moi qui serai candidat. C'est toi ! Et je te soutiendrai médiatiquement. »

Le futur ministre connaissait assez Dany pour savoir qu'il refuserait. Il cherchait uniquement à obtenir son soutien. C'est ainsi que Joschka Fischer, lancé par un article signé Cohn-Bendit dans *Pflasterstrand*, est aux élections législatives fédérales de 1983 l'un des 27 députés élus sous les couleurs des Verts, l'année où ce nouveau parti fit pour la première fois son entrée au Bundestag. Il n'avait obtenu que 1,5 % à celles d'octobre 1980 et n'avait pas pu intégrer le Parlement fédéral. Cette fois, il est porté tant par les mouvements antinucléaires et pacifistes que par les mouvements sociaux générés par le deuxième choc pétrolier et la coalition sociale-libérale au pouvoir depuis 1969, mais aussi par la politique centriste du SPD auquel il prend des voix. L'Allemagne n'est pas réunifiée, Berlin est un blocus entouré de murs au milieu de l'Allemagne de l'Est. Avec 5,6 % des voix, les Verts ont franchi le seuil d'éligibilité de justesse mais comptent bien se faire remarquer, avec leurs cheveux longs, leurs longs pulls en tricot et leurs baskets peu conformes aux habitudes de Bonn, la paisible capitale de l'Allemagne fédérale d'alors, aux mœurs si provinciales.

La différence entre Joschka et moi, c'est qu'il a une volonté, une envie de pouvoir. Elle lui vient de son histoire personnelle et s'est affirmée au fil de son histoire politique, à partir du moment où il a décidé de s'intégrer dans la machine démocratique parlementaire. Si c'est moi qui ai suggéré qu'il y avait une logique à rejoindre le parti des Verts pour participer à des élections et devenir une force parlementaire, la conséquence était de devenir un parti du pouvoir. Je ne suis pas fait pour ça. À la différence de Joschka, je n'ai pas d'envie de pouvoir mais j'ai une envie d'influence. L'envie de compter dans le débat public, d'être important. Est-ce par narcissisme ou par générosité ? Les deux, mon capitaine. Quand tu t'aperçois que dans un débat les gens réagissent et te disent « Tiens, c'est intéressant », bien sûr que c'est narcissiquement glorifiant. Je cherche toujours des solutions politiques à une situation. Ma hantise, c'est de ne plus surprendre, de ne plus provoquer le débat, parce que j'ai besoin de faire avancer les choses. « L'imagination au pouvoir », c'est le slogan qui me correspond le mieux.

Il y a chez Fischer un volontarisme incroyable. Une phénoménale faculté d'adaptation, qui correspond à sa vie d'autodidacte et à sa volonté de s'arracher à ce qu'il était : fils de boucher. Pour s'en faire une idée, on peut comparer deux images de lui : la première fois qu'il devient ministre régional de l'Environnement et de l'Énergie, en 1985, il arrive à la chancellerie du Land de Hesse en jeans et en baskets. Quand il devient ministre fédéral des Affaires étrangères en 1998, comme pendant toute la période de la campagne électorale, il est en costume trois-pièces. À partir du moment où il devient tête de liste et qu'il entre en campagne électorale pour conquérir la majorité, il commence littéralement une vie de marathonien. Il s'astreint à courir dix kilomètres par jour, il maigrit de vingt kilos. C'est un autre Fischer qui porte le costume trois-pièces. Entre avant et après le ministère des Affaires étrangères, sa vie sera d'ailleurs un yoyo permanent, politiquement mais aussi physiquement. Il s'est marié quatre ou cinq fois parce que son histoire d'ascension sociale l'a fait passer d'un milieu à d'autres, et à travers différentes aventures affectives. Au ministère des Affaires étrangères, qui a été le summum de son ascension, il a goûté la compagnie des grands de ce monde qu'il ne connaissait pas, en s'étonnant de découvrir chez eux des personnes humaines. Il avait noué une vraie amitié avec Madeleine Albright, la secrétaire d'État de Bill Clinton, dont la famille s'était exilée de Tchécoslovaquie et donc originaire d'Europe centrale comme lui, qui venait de Hongrie.

Joschka Fischer poursuit son ascension au sein du parti, qui fusionne en 1993 avec *Bündnis 90* (« l'Alliance 90 »), la formation issue de la dissidence anticommuniste fondée en Allemagne de l'Est après la chute du mur de Berlin. Il devient ministre régional de l'Environnement et de l'Énergie en Hesse, porte-parole du parti, puis ministre fédéral des Affaires étrangères avec le titre et la fonction de vice-chancelier. Le succès de Joschka Fischer est planétaire. Il est le premier ministre Vert des Affaires étrangères, l'un des hommes les plus populaires du pays, considéré comme un possible futur chancelier et reconnu de par le monde, se retrouvant à New York ou à Moscou, devant gérer la guerre du Kosovo et l'opposition à celle des États-Unis en Irak. En 2003, il impressionne à la conférence sur la sécurité de Munich, quand le ministre américain de la Défense Donald Rumsfeld argumente sur la nécessité d'aller en guerre en Irak et qu'il lui lance sa réponse devenue fameuse : « *Excuse me, I am not convinced.* »

Dany, lui, suit le chemin local. En 1989, il est élu au conseil municipal sur la liste des Verts et devient adjoint au maire de Francfort. C'est la première coalition des Verts et des sociaux-démocrates en Allemagne, préfigurant celle de 1998 au niveau fédéral avec les deux gouvernements de Gerhard Schröder dans lesquels Joschka Fischer est aux Affaires étrangères, de 1998 à 2005.

Fischer devenait ce personnage important, et moi je commençais une vie politique locale. C'est là que j'ai compris que j'avais envie d'être important, mais pas de devenir ministre. D'abord parce que le devoir d'être solidaire de la politique du gouvernement et d'être enfermé dans cette logique ne correspond pas à l'idée que je me fais de ma liberté d'initiative et de mon indépendance intellectuelle. Dans une coalition tu ne peux pas dire « C'est pas moi, c'est les autres ». Je ne dis pas qu'il ne faut pas de ministres ! J'admirais la capacité de travail de Joschka, son autodiscipline très forte et même, parfois, sa rigidité, qui correspondaient aux qualités nécessaires pour intégrer un gouvernement. Je ne les ai pas.

L'autre raison, ça peut paraître futile et égoïste, c'est mon amour de la vie. Ministre, c'est pas une vie. J'ai vu Joschka vivre avec ses cinq gardes du corps. À la mairie de Francfort, je pouvais à la fois exercer mon influence et ne pas gâcher mon temps avec Ingrid, avec qui je vivais déjà depuis 1980. Je pouvais aller au cinéma avec ma femme, jouer au foot avec mon fils, sortir avec mes amis, avoir une vie à moi qui n'est pas la politique. Un an après mon élection, en 1990, notre fils Bela est né. Je l'emmenais au bureau à la mairie, j'arrivais à une réunion avec le directeur de la Banque du Japon avec le bébé dans son couffin et son sac de jouets. J'ai beaucoup fait pour être utile mais pas jusqu'à sacrifier ma liberté et j'ai toujours cherché et trouvé une activité politique qui corresponde à mon hédonisme. C'est principalement pour ces deux raisons que j'ai refusé plus tard d'être ministre de l'Environnement, quand Emmanuel Macron a envisagé de me proposer le poste. L'hédonisme et le pouvoir, ça ne va pas ensemble.

Son obsession de « l'imagination au pouvoir », en revanche, Dany peut la mettre en œuvre à la mairie de Francfort. Pendant la négociation du contrat de coalition entre les Verts et les sociaux-démocrates, il propose de créer un « bureau des affaires multiculturelles ». À la fin des années 1980, un tiers de la population de Francfort est composée d'immigrés, majoritairement turcs, mais aussi yougoslaves (serbes, croates, bosniaques), espagnols, portugais, italiens. Le nouvel adjoint au maire argumente que la ville de Francfort doit prendre acte de sa propre évolution et gérer les contradictions d'une société de plus en plus mélangée. Son idée d'un bureau dédié aux affaires multiculturelles, ne revient pas à organiser la juxtaposition de cultures différentes, mais à rendre possible l'intégration de populations aux histoires différentes dans ce qu'est l'Allemagne de la fin du XXe siècle.

Dès ma prise de fonction aux affaires multiculturelles – donc à l'immigration et à l'intégration –, j'ai prévenu : « La société multiculturelle, c'est difficile. » Je n'ai jamais dit que c'était facile. Je n'ai jamais fait la promesse que ce serait un paradis doré. J'ai expliqué dès le début que pour ceux qui immigrent comme pour ceux qui accueillent, l'immigration suppose une acclimatation difficile.

Le débat que je soulevais à l'époque, qui a évidemment des résonances aujourd'hui, n'était pas de savoir si on était pour ou contre l'immigration. À partir du moment où une société a besoin d'immigration pour des raisons démographiques, elle devient de plus en plus multiculturelle, avec des travailleurs et des familles qui viennent de tous les horizons. Il faut rappeler, car on l'oublie, que l'immigration en Allemagne à la fin des années 1950 et au début des années 1960 a été impulsée par la droite. C'est le ministre CDU de l'Économie (et futur chancelier fédéral) Ludwig Erhard qui a été l'un des premiers à dresser le constat d'une pénurie de main-d'œuvre en Allemagne comme ailleurs, et à examiner la possibilité de trouver des accords avec des pays pour faire venir des étrangers.

Il fallait voir la levée de boucliers des syndicats et des forces politiques, droite et gauche confondues ! Chrétiens-démocrates, sociaux-démocrates, libéraux (les Verts n'existaient pas encore) ont proposé ensemble une résolution au Bundestag, à l'initiative des syndicats, selon laquelle aucun travailleur étranger ne devait être recruté à la place d'un Allemand postulant au même emploi, alors que le pays comptait un million et demi de chômeurs. Cette résolution est passée à l'unanimité. Quelques semaines plus tard, Erhard signait avec l'Espagne et l'Italie les premiers accords pour faire venir des travailleurs immigrés et les employer dans les grandes usines. Suivront le Portugal, la Yougoslavie puis enfin la Turquie. Tout cela pour dire que ce ne sont pas des doux rêveurs gauchistes ni des Églises bien-pensantes qui ont appelé les étrangers mais les besoins industriels du patronat allemand. Et c'est un mensonge de laisser croire, encore aujourd'hui, qu'ils prenaient le travail aux autochtones. Les chômeurs allemands ne voulaient pas travailler dans les cuisines des restaurants, sur les chaînes de montage de l'industrie automobile ou dans le bâtiment.

L'initiative de Francfort et de son bureau des affaires multiculturelles déclenche un débat dans toute l'Allemagne. Les immigrés appelés pour y travailler sont-ils toujours des *Gast Arbeiter*, des « ouvriers invités », alors qu'ils sont installés en

Allemagne depuis deux décennies et en famille ? La société se divise entre la droite qui juge excessifs les trois millions d'immigrés et espère leur retour possible au pays, et la gauche qui souhaite leur intégration pleine et entière dans une société devenue, de manière objective et par nécessité, un pays d'immigration. Les chrétiens-démocrates (CDU) de Francfort bataillent contre l'existence même d'un « bureau des affaires multiculturelles » et demandent chaque année, lors du vote du budget municipal, la suppression pure et simple de l'institution.

Non seulement ils n'y parviennent pas, mais quand la CDU regagne le pouvoir cinq ans après, au terme des élections municipales de 1994, la nouvelle maire chrétienne-démocrate s'oppose à son groupe qui récidive, comme il l'a fait pendant cinq ans, sur sa demande de suppression du fameux bureau. Elle appelle Dany, pourtant son opposant, qui vient d'être élu député au Parlement européen : « Ne pourrais-tu pas continuer quelques mois avec nous ? »

L'institution qu'il a créée a été efficace, elle le sait. Le travail de Dany à la mairie consistait à faciliter cette cohabitation nouvelle dans les écoles, les hôpitaux, les lieux de travail ou de loisir. Il réglait des différends entre communautés, venait parler à des Kurdes qui procédaient à une occupation, obligeait des Serbes, des Croates et des Bosniaques à ne pas rejouer la guerre de Yougoslavie en se bagarrant à Francfort, se rendait dans une mosquée pour expliquer à un père qu'il ne devait pas envoyer sa fille de 14 ans en Turquie pour se marier. Le succès n'était pas toujours au rendez-vous mais il l'était parfois. Des structures d'aide aux familles avaient été créées. Il arrivait que la police appelle Dany pour venir parlementer parce qu'il connaissait les uns et les autres, comme le grand frère qui peut parler à tout le monde.

La maire m'a appelé pour l'aider à maintenir le bureau des affaires multiculturelles que j'avais mis en place, contre la pression de son propre parti. C'était courageux de sa part. Elle a convaincu le conseil municipal, qui voulait de nouveau voter la suppression, que ce bureau était devenu la démonstration de l'ouverture et du libéralisme de la ville de Francfort. L'Allemagne le voyait comme un succès. Elle avait suivi notre travail et était convaincue comme moi que l'intégration ne se règle pas par des actions policières mais par une politique d'explication et surtout de médiation. D'un côté, les immigrés doivent comprendre qu'ils arrivent dans un pays qui a une réalité politique, sociale et juridique bien définie. De l'autre, la ville qui les accueille doit comprendre qu'elle va se transformer, que la population va évoluer. Ce n'est pas le grand remplacement, c'est la grande évolution.

J'étais passé à autre chose, je commençais mon mandat de député européen et elle me téléphone pour me dire : « Je veux maintenir le bureau. Je vais proposer au conseil municipal une personnalité de la CDU, catholique, ouverte à l'immigration. Mais j'ai besoin que tu acceptes d'organiser la transition. Ne pourrais-tu pas continuer quelques mois avec nous ?» Ce que j'ai fait pendant un certain temps, parallèlement à mon travail à Bruxelles.

Mais c'est pendant les guerres de Yougoslavie que Dany et Joschka vont se distinguer ensemble et marquer fondamentalement l'histoire des Verts allemands. Ces guerres nationalistes entre Serbes et Croates puis entre Serbes et Bosniaques ont surgi avec l'effondrement de la Yougoslavie dans la foulée de la chute du mur de Berlin, sous l'impulsion du président serbe Slobodan Milošević. Elles ont commencé en 1991, soit deux ans après le début du mandat de Dany à la mairie de Francfort. Elles s'achèveront en 2001, deux ans avant l'échéance du premier mandat de Joschka Fischer au ministère fédéral des Affaires étrangères.

Les Républiques de l'ex-Yougoslavie sont alors devenues des pays indépendants et ont constitué leurs propres armées. Celle de Bosnie-Herzégovine, composée des peuples bosniaques, serbes de Bosnie et croates de Bosnie, est prise en étau entre la Serbie et la Croatie qui cherchent à la diviser. Du 5 avril 1992 au 14 février 1996, le plus long siège de l'époque moderne est infligé par la République serbe de Bosnie à la ville de Sarajevo, capitale de Bosnie-Herzégovine, qui subit continuellement les bombardements et les tirs d'obus des snipers. En juin 1992, le Conseil de sécurité des Nations unies autorise le déploiement des casques bleus en Bosnie-Herzégovine qui ne pourront qu'assister, impuissants, à une guerre qui fera près de cent mille morts, dont la moitié sont des victimes civiles, et deux millions de réfugiés, jusqu'à ce que l'Otan intervienne en 1995 pour y mettre fin. Quatre-vingt-dix condamnations pour crimes de guerre, crimes contre l'humanité et génocide seront prononcées par le Tribunal pénal international pour l'ex-Yougoslavie.

La salle est comble, les télévisions sont installées. En ce mois de juin 1993, la coalition sociaux-démocrates/Verts au pouvoir à Francfort organise une réunion publique sur les vingt-cinq ans de la révolte de 68 dans les locaux de la mairie. Le 1er juin, quinze personnes viennent d'être tuées et quatre-vingts blessées lors d'un match de football à Dobrinja, en banlieue de Sarajevo. Une fois de plus, l'impuissance des Nations unies et l'inertie des Occidentaux sont débattues, alors que l'Europe est confrontée à la première guerre sur son continent depuis 1945. Dany fait partie des intellectuels qui, d'un côté à l'autre du Rhin, sont impressionnés par la capacité de résistance des Bosniaques et estiment incompréhensible de laisser au cœur de l'Europe un État, la Serbie, en agresser un autre, la Bosnie, sans qu'il y soit apporté une réponse collective des États-Unis ou de l'Otan, qui ne se décident toujours pas à intervenir. Il faut sauver Sarajevo. Au sein du parti Vert allemand, Dany fait partie d'une petite minorité qui défend l'idée d'une intervention militaire pour protéger les musulmans bosniaques. Même son ami Joschka n'est pas sur sa ligne. Dans le mouvement écologiste, le pacifisme l'emporte sur toute autre considération. Lors de cette réunion sur la révolte de 68 qui n'a pourtant rien à voir avec la guerre de Bosnie, le débat explose.

À cette table ronde, il y avait notamment Joschka et Oskar Negt, un professeur d'université qui avait été l'assistant d'Habermas. Je m'ennuyais énormément. J'en avais plus que marre de ressasser ces événements à chaque anniversaire, comme je le raconterais plus tard dans un livre, Oublier Mai 68. *Pour tromper l'ennui, je sors une boutade. Je lance à la salle : « Si nous étions encore des soixante-huitards, nous sortirions dans la rue pour sauver les musulmans bosniaques et demander une intervention militaire ! » Et là, Oskar Negt, qui était dans la parfaite tradition sociale-démocrate, pacifiste, imprégné par le sentiment de culpabilité allemand et un tantinet antiaméricain, a failli s'étrangler. Fischer aussi, qui me dit : « Dany, si ton fils avait l'âge d'aller se battre en Yougoslavie, est-ce que tu aurais envie qu'il y aille ? » Je lui réponds : « Joschka. Ton fils est pompier. Ça brûle au vingtième étage. Est-ce que tu l'empêches d'aller sauver des gens parce que c'est dangereux ? Si mon fils est militaire, j'espère bien qu'il ira sauver des Bosniaques, comme ton fils pompier ira sauver les gens au vingtième étage. »*

C'est très émotionnel entre nous. Notre altercation est filmée et passe le lendemain au journal de 20 heures sur la première chaîne de télévision publique. L'écho est incroyable et c'est le début d'un débat intense et exemplaire à travers toute l'Allemagne. Du fait de leurs dissensions, les Grünen *deviennent le moteur d'une remise en question du pacifisme traditionnel de la société allemande après 1945. Les discussions sur la nécessité ou non d'intervenir militairement en Bosnie pour soutenir les musulmans bosniaques sont tendues et suscitent chez beaucoup un chamboulement d'identité politique. Mais l'évolution née de la rupture avec leur pacifisme sera pour les Verts allemands un long parcours semé d'embûches. En octobre 1983, ils sont obligés d'organiser un congrès extraordinaire pour essayer de trancher – deux ans avant le massacre de Srebrenica, en juillet 1995. Avec une trentaine de délégués de différentes villes, je propose une motion : nous demandons que les Verts se mobilisent pour une intervention militaire afin de protéger les Bosniaques.*

Joschka Fischer m'avait donné sa version de la scène en 2014, au moment de la fête de départ de Dany à Bruxelles :

« C'était très dur, car avec Dany on est toujours du même côté depuis toujours, on est d'accord sur tout, on se bat pour les mêmes choses. Dans cette bataille terrible à l'intérieur du parti vert, Dany était le premier à me pousser. Il a fallu du temps avant que je ne comprenne. Je n'étais pas mûr pour ça.

Dany l'était, car il est d'une autre culture. L'enfant de Juifs allemands né du bonheur du Débarquement, comme il le dit lui-même, a toujours su ce qu'il devait à une intervention militaire. Il avait un sentiment européen très fort alors que moi, venu d'une famille traditionnelle d'Allemands catholiques de Hongrie, j'avais été élevé avec l'idée que les armes ne servent que les mauvaises causes. Quand je me suis retrouvé au gouvernement, j'étais encore plus prisonnier de ce principe. Le parti Vert se déchirait sur la question de l'intervention et j'étais, comme beaucoup d'Allemands, dans une vraie bataille de conscience. Dany a mis du temps et de l'énergie à me convaincre, il a réussi. Sans lui je n'aurais pas su évoluer, et le déclic a été le massacre de Srebrenica. J'ai passé des jours et des nuits terribles, je ne pouvais plus me regarder en me rasant. Je me suis dit : “Maintenant, Fischer, pose-toi la question : pourquoi ta mère et ton père ne se sont pas opposés à la déportation des Juifs ? Et maintenant, tu es toi-même face à cette situation de pouvoir agir, tu vas faire comme eux ?” Dany m'a secoué avec l'idée qu'on devait être prêts à envoyer nos enfants là-bas. J'étais très dépressif, sous le choc. Il m'a obligé à réfléchir et à prendre une décision. »

Joschka, tiraillé par ses hésitations, s'engage alors de tout son poids politique dans les débats du congrès extraordinaire. Il se positionne contre toute intervention armée et pour une initiative diplomatique. Mais il tente une ouverture en argumentant qu'il faut néanmoins considérer l'histoire et se préparer à repenser notre position dans le cas où il y aurait « un risque d'Auschwitz » en Bosnie – on l'appellera dès lors « l'exception Auschwitz » dans nos débats. La motion est mise au vote. Nous obtenons... 40 voix sur 880. Rejet total. Je ne vais pas dire que nous sommes minoritaires : nous sommes écrasés. La défaite est cuisante aussi pour Fischer. L'extrême pacifisme l'a emporté. Je dénonce partout le « Panzer pacifisme » des Verts, ce pacifisme blindé qui refuse de voir la réalité de ce qui se passait en Bosnie, l'insensibilité des Verts au réel, au nom d'une idéologie.

Dany devient *persona non grata* dans le parti *Bündnis 90/Die Grünen* (« Alliance 90/Les Verts »). Il porte la tache de son « bellicisme » et en paie cher le prix. Des coalitions se forment pour bloquer sa désignation sur la liste du parti aux élections européennes, et il faudra que Fischer mette tout son poids dans la balance pour la rendre possible. Le leader charismatique des Verts qui les portera au pouvoir a beau être toujours en désaccord avec son ami sur l'intervention allemande en Bosnie, il menace de démissionner du parti si Dany n'obtient pas l'agrément de sa candidature au Parlement européen.

Grâce à l'intervention de Fischer, Dany est adoubé à la huitième place sur la liste électorale. Le 12 juin 1994, il est élu député au Parlement européen.

Le 27 octobre 1998, le social-démocrate Gerhard Schröder est élu chancelier fédéral d'Allemagne, en coalition avec les Verts, avec Joschka Fischer pour vice-chancelier et ministre des Affaires étrangères. Entretemps, au mois de juillet 1995, a lieu le génocide de Srebrenica : plus de 8 000 hommes et enfants musulmans bosniaques sont exécutés dans la région de cette ville de Bosnie-Herzégovine par des unités de l'armée de la République serbe de Bosnie, sous le commandement du général serbe Ratko Mladić, appuyées par des paramilitaires. Alors que les témoignages affluaient sur les camps de concentration, les viols, les tueries, les entreprises d'épuration ethnique, Srebrenica suscite l'effroi de la communauté internationale. C'est le point de bascule.

Chez les Verts désormais en responsabilité au gouvernement, « l'exception Auschwitz » évoquée par Joschka Fischer lors de leur congrès de 1993 prend soudain une autre résonance. Le ministre des Affaires étrangères se trouve engagé par ses propres mots. Il explique publiquement à qui veut l'entendre : « Dany avait raison. Notre pacifisme n'est pas tenable. Nous, les Verts, devons soutenir l'intervention en Bosnie. » Il dénonce à son tour l'hypocrisie de la résolution du Conseil de sécurité de l'Onu à envoyer des casques bleus en Bosnie, alors qu'ils n'ont pas le droit de se servir de leurs armes et livrent les Bosniaques aux fusils serbes. L'idée que l'Europe est responsable d'avoir laissé faire les massacres s'impose et gagne les plus rebelles à la guerre.

Après avoir amené les Verts allemands à soutenir l'intervention en Bosnie, Joschka Fischer, avec le chancelier Schröder et le ministre de la Défense Rudolf Scharping, entraîne l'Allemagne à contribuer aux forces de l'Otan au Kosovo, cette province de la Serbie peuplée en majorité d'Albanais, où s'est déplacée la guerre de Yougoslavie. De nouveau, la société se divise, les débats se déchaînent, les critiques pleuvent sur le gouvernement.

Pour Joschka Fischer personnellement, mais aussi pour les Verts allemands en général, cette décision d'intervenir marquera un point de non-retour. Il ne s'agira plus de s'opposer à une guerre ou de la refuser, mais de la mener. Pour les pacifistes, c'est un cauchemar. Le dur apprentissage de la realpolitik gouvernementale ne pouvait pas commencer plus difficilement. Mais Joschka a relevé le défi avec, entre autres, mon soutien. Quelques mois plus tard, ministre des Affaires étrangères d'un pays participant à une guerre, il a dû affronter la fureur des pacifistes de son propre parti lors d'un congrès extraordinaire, le 13 mai 1999. Ce ne fut pas seulement houleux, mais très agressif. Il a pris en pleine tête un ballon rempli de peinture rouge. Ce sang symbolique dégoulinait le long de sa joue pendant qu'il prononçait son intervention. Il a continué en argumentant sur sa responsabilité historique de ministre. Avec une rhétorique qu'il maîtrise parfaitement, il a dit : « Auschwitz est incomparable. Deux principes fondamentaux guident mon action : plus jamais de guerre, plus jamais Auschwitz. Plus jamais de génocide, plus jamais de fascisme. Les deux doivent être compris ensemble et doivent guider notre action et notre réflexion. » Il est arrivé à convaincre son parti plus que dubitatif et les tenants de l'intervention militaire de l'Otan au Kosovo l'ont finalement emporté sur les pacifistes. Mais ce débat est récurrent en Allemagne et se poursuit jusqu'à aujourd'hui, avec l'Ukraine.

« Si j'ai changé dans ma manière de voir le monde, me dit Fischer, c'est à Dany que je le dois. Déjà parce qu'il est très émotif. S'il est heureux, il rit. S'il est triste, il pleure. Je n'ai jamais pleuré au Parlement, lui oui. Il est bien plus ouvert que moi, bien plus généreux et idéaliste aussi. Ce qu'il a apporté à l'Allemagne n'est pas seulement une vision politique. Il fait de la politique avec un art de vivre à la française. Ça paraît bizarre, mais à la fin des années 1960, la France était d'un point de vue culturel aussi loin de l'Allemagne que l'étaient les États-Unis. Dany aime la culture française, les bons dîners entre amis, les bons vins, les bons fromages. Quand on partageait un appartement à Francfort, son frère pouvait débarquer de Saint-Nazaire à deux heures du matin avec des huîtres. C'est le début de mon histoire d'amour avec les huîtres, ce goût bourgeois. Dany n'a pas apporté que sa vision gauchiste libertaire qui dérangeait les dogmes marxistes-léninistes. Il a apporté un savoir-vivre. »

En septembre 2005, deux mois avant l'arrivée d'Angela Merkel à la chancellerie fédérale, Joschka Fischer renonce à son mandat de député au Bundestag et annonce qu'il quitte définitivement la vie politique. Dany Cohn-Bendit, de son côté, entame son troisième mandat au Parlement européen.

9

D'Omaha Beach à Bruxelles

Le jour de ses 69 ans, le 4 avril 2014, Dany est venu à Bruxelles pour vider son bureau. En mettant en cartons ses vingt ans de Parlement, vingt ans d'énergie insolente à asticoter les chefs d'État sur les droits de l'homme, vingt ans de réunions et de rencontres à tenter de convaincre sur la nécessité de fonder une Europe fédérale, vingt ans de souvenirs avec son équipe et ses amis, il s'étonne un peu de ne pas pleurer. Il écoute les compliments qu'on lui fait, les « Tu vas nous manquer » avec son sourire frais. Dany sait bien que même ses ennemis politiques ont tendance à l'aimer, c'est devenu une de ses marques de fabrique, et il s'aime bien aussi. Dans ses cartons, il emporte plein de photos de lui, l'une avec Kofi Annan, beaucoup de lui du début de sa gloire, en Mai 1968. Il emporte aussi deux pavés sur Mai 68. Il en laisse un à ses assistantes, le plus lourd, ainsi que des bustes kitsch de Platon et d'Aristote. Le lendemain, à l'occasion d'une journée de débats sur l'Europe avec son complice de toujours

Joschka Fischer, il réussit, sans rien dire ni demander, à faire lever 800 personnes sur l'hymne européen, l'*Ode à la joie* de Beethoven. Douze jours plus tard, à Strasbourg, après avoir prononcé sa dernière intervention au Parlement et participé à la dernière réunion du groupe des Verts, celui qui se définit comme un « optimiste congénital » craque d'un coup. C'est fini, ses vingt années d'Europe. Un presque quart de siècle pour lui qui est plus vieux que la Communauté européenne du charbon et de l'acier (CECA, 1952), laquelle est l'ancêtre à la fois de la Communauté économique européenne (CEE, 1957) et de l'Union européenne (UE, 1993), qui n'en est pas à ses derniers avatars. Il vient de clôturer la réunion et tous les membres du groupe se sont levés pour l'applaudir sans rien dire, tous debout. Ça n'en finit plus. Dany fond en larmes, hoquetant comme un enfant.

Quatre mandatures, quatre campagnes électorales gagnées alternativement en Allemagne et en France sous l'étiquette des Verts, en obtenant les meilleurs scores jamais atteints par ces partis, jusqu'à 16 % en 2009, décuplant le poids des Verts au Parlement européen. De 1994 à 2014, celui qui avait chamboulé la France en mai 1968 s'est passionnément consacré, comme député et coprésident du groupe, à sa volonté de bâtir un fédéralisme européen. Franco-allemand par ses papiers et Juif sans le savoir, Français pour l'équipe de France et Allemand pour celle de Francfort, franco-européen par identité et par conviction, Dany Cohn-Bendit est l'Européen par excellence. Celui qui pense de plusieurs côtés en même temps. Celui qui, libertaire chez les gauchistes, antitotalitaire chez les révolutionnaires, débatteur chez les sectaires, est fait pour l'arène européenne où les adversaires politiques se retrouvent contraints d'être des partenaires de négociation. Celui dont on pourrait donner les coordonnées à Henry Kissinger quand l'ancien secrétaire d'État américain persiflait de sa fameuse phrase : « L'Europe : quel numéro de téléphone ? » Celui dont l'optimisme vient du moment de sa naissance, lui l'enfant de la liberté qui, né moins d'un an après le débarquement américain à Omaha Beach, a passé sa vie d'adulte à vouloir construire les « États-Unis d'Europe ».

Je suis né en 1945, le 4 avril. J'ai été conçu juste après le débarquement en Normandie, par deux Juifs allemands qui vivaient cachés en France. Imagine qu'au moment où j'arrive sur terre, je commence à parler et je dis à mes parents : « Vous avez vécu quelque chose d'horrible mais dans cinquante ans, il n'y aura plus de frontière entre la France et l'Allemagne, le Rhin sera un fleuve commun. » Mes parents auraient répondu : « On a un problème. Non seulement cet enfant parle trop tôt, mais en plus il est complètement dingue ! » Oui c'est dingue, et c'est l'histoire européenne. S'il a été possible aux Français et aux Allemands de construire l'Europe ensemble après trois guerres et alors qu'en 1945, les Français détestaient les Boches, c'est que tout est possible. J'ai une conscience aiguë, par l'histoire de mes parents, du degré de haine qui existait entre Allemands et Français. Je suis un Juif de la diaspora d'Europe, je suis un Allemand né en France, et l'Europe est la réponse la plus dingue et la plus belle qui nous est arrivée. Des choses ont été ratées, d'autres ne sont pas finies. Mais qu'est-ce qu'on a réussi ? On a réussi l'invraisemblable.

La réconciliation franco-allemande lancée par Adenauer et de Gaulle a été un événement très important et structurant de ma vie et de ma pensée politique. J'ai été fasciné par la création de l'euro, par la manière dont deux autres personnalités, Mitterrand et Kohl, sont arrivées à surmonter les contradictions et les haines entre les sociétés de leurs pays respectifs. J'ai toujours lorgné vers cette construction européenne comme un rappel qu'il ne faut pas oublier d'où on vient : en cinquante ans, on a développé cette communauté européenne sans qu'un pays exerce une force hégémonique. On a réussi à construire un espace politique qui surmonte l'État-nation. C'est difficile et c'est une chance incroyable. Que cette fracture ait été surmontée, qu'il y ait aujourd'hui des milliers de partenariats entre les villes et les villages de l'Union est une des réalités les plus positives qui puisse exister dans l'histoire. C'est triste que les acteurs européens n'arrivent pas à transmettre vers l'extérieur cette culture extraordinaires et qu'ils se croient obligés, une fois dehors, de tenir un discours critique et négatif pour se dédouaner de leurs défaillances en politique intérieure, ou parce que c'est l'air du temps. L'Europe est un miracle que l'on commente négativement.

Pour Joschka Fischer, cette transition du gauchisme vers l'Europe en passant par les Verts était une continuité logique. « Avec Dany, me dit-il, on partageait la même volonté d'une rénovation du capitalisme par un bouleversement politique et social profond. Il y avait une logique à s'engager aux côtés des Verts : l'ambition environnementale est une ambition de rénovation et de bouleversement économique et social de grande ampleur. Quant au biais européen, il permet de donner une efficacité réelle à ta vision politique. Si tu considères que la rénovation du capitalisme est écologique et que ce nouveau capitalisme écologique ne peut pas se faire dans un seul pays, l'engagement européen est un débouché naturel. Et quand, en plus, tu incarnes comme Dany le fait le plus marquant de l'Europe d'après-guerre qui est la paix franco-allemande, tu choisis naturellement la construction européenne. Mettre d'accord des forces nationales politiques différentes et des groupes d'États-nations, ça passe forcément par le compromis. Dany est un polémiste sans être sectaire ni extrémiste. Tout le conduisait à l'Europe. »

Au bout de cinq ans à la mairie de Francfort à s'occuper de l'immigration, passer de la politique municipale à la politique européenne apparaît en effet à Dany comme une évidence. Comme si la réconciliation entre l'Allemagne et la France, raison d'être de la construction européenne, s'incarnait dans sa double réalité franco-allemande. Comme s'il avait trouvé dans son identité européenne la seule possibilité d'être enfin toutes ses identités à la fois, français, allemand, juif. Depuis longtemps, sa passion est tournée vers l'Europe. La guerre de Bosnie, qui a éclaté pendant son mandat de maire-adjoint, a motivé son désir d'agir au-delà de l'Allemagne et de se présenter au Parlement de Bruxelles et Strasbourg. En 1994 et en 2004, il est élu sur la liste des *Grünen* en Allemagne. En 1999 et en 2009, il l'est sur la liste des Verts en France. Côté allemand, c'est une revanche sur les cadres du parti qui avaient tenté de l'éliminer des listes après son plaidoyer pour une intervention militaire en Bosnie. Côté français, c'est un pied de nez à son interdiction de séjour décrétée sous de Gaulle et levée sous Giscard d'Estaing, qui a duré dix ans. Dany veut refaire de la politique en France, autrement.

Pour le centriste libéral que je suis, qui aime parler à tout le monde, le Parlement européen est un lieu fantastique parce que, justement, tout le monde se parle. De l'extérieur, on dirait que c'est un bateau ivre qui navigue hors sol, hors océan et dans la stratosphère. Une fois qu'on est dedans, l'impression est totalement différente. C'est le contraire d'un parlement national, qui fonctionne par oppositions, minorité contre majorité,

majorité contre minorité. Les vingt ans que j'y ai passés ont confirmé une expérience que j'avais en moi, profondément : cette envie d'aller rechercher en permanence une discussion, un affrontement politique, un consensus. Au Parlement européen, chaque directive doit trouver sa majorité. Les débats sont intenses d'abord à l'intérieur des familles politiques. Entre un Vert allemand et un Vert français, suédois, autrichien, italien, il y a des différences énormes. Idem chez les socialistes, chez les conservateurs, à l'extrême droite ou à l'extrême gauche. Ce melting-pot oblige à surmonter les divergences politiques pour pouvoir se comprendre à l'intérieur des familles politiques et d'un groupe à l'autre. En fonction des sympathies et des expériences de chacun, on tisse des liens entre opposants que personne ne perçoit comme une compromission mais comme une démonstration de ta curiosité et de ton intérêt. Au début de l'année 1994 par exemple, en plein débat sur la Bosnie, je me suis retrouvé un après-midi à formuler un début de résolution de soutien à la résistance bosniaque avec Otto von Habsburg, l'un des derniers descendants des Habsbourg. Il avait beau être un ultraconservateur autrichien, il était imprégné de l'histoire de l'Empire austro-hongrois. Pour lui Sarajevo était, de par son histoire, la ville multiculturelle par excellence.

L'immense hémicycle de Strasbourg sera son agora. Une fois par mois à Strasbourg, en session plénière, Dany y concentre en cinq petites minutes de temps de parole tout son talent d'orateur et d'improvisateur insolent. Si un seul député a réellement marqué la mémoire collective du Parlement – une arène coutumière de la grisaille –, c'est lui. Pas en rédigeant des rapports. Dany ne fonctionne qu'à l'oral et pendant vingt ans, il s'est battu sur deux fronts : d'une part, aller toujours plus loin dans le fédéralisme, renforcer les droits du Parlement au détriment de l'intergouvernementale. D'autre part, défendre les droits de l'homme et des peuples contre les dictatures. Il milite pour l'adhésion de la Turquie à l'UE, sans ménager le pays sur la question kurde. Il combat les mesures d'austérité imposées par l'Europe aux pays malades comme la Grèce. Le 5 mai 2010, il interpelle tous les dirigeants européens en les traitant de fous et d'hypocrites, eux qui, d'Angela Merkel à Nicolas Sarkozy, exigent des Grecs et du gouvernement de Giórgos Papandréou la rigueur budgétaire, tout en leur demandant d'honorer des contrats d'armement.

« Ce que doit faire le gouvernement Papandréou est une chose presque impossible. Je demande aux chefs de gouvernement de réfléchir au fait qu'eux-mêmes, chez eux, sont incapables de mettre des réformes sur pied. De combien de temps la France a besoin pour réformer les retraites ? De combien de temps a besoin l'Allemagne ? Et maintenant on demande à Papandréou : "En trois mois, tu changes tout." Vous êtes complètement fous !

« Il y a une possibilité d'aider le budget grec. Simple. C'est de prendre une initiative européenne pour le désarmement dans la région. C'est-à-dire une initiative Grèce-Turquie pour le désarmement. C'est-à-dire une initiative pour que les troupes turques se retirent de Chypre-Nord. On est quand même hypocrites. Ces derniers mois, la France a vendu six frégates à la Grèce pour deux milliards et demi, des hélicoptères pour plus de 400 millions, des Rafale à 100 millions, etc. L'Allemagne a vendu six sous-marins à la Grèce, ça fait un milliard. Mais on est complètement hypocrites ! On leur donne de l'argent pour acheter nos armes ! »

De mémoire européenne, on n'a jamais vu un tribun pareil. Ses prestations sont attendues. La défense des libertés et des droits de l'homme, sa bataille permanente. Dany vient au Parlement les mains dans les poches. Sans une note, il improvise et tient cinq minutes pétantes. Quand est invité le dirigeant du pays qui assure la présidence tournante de l'Union européenne, il s'applique davantage. On entend sa voix se casser de rage et d'émotion face à Nicolas Sarkozy lorsque la France, qui a alors la présidence de l'UE, refuse de bouder les Jeux olympiques de Pékin. Pour l'occasion, il a enfilé sous sa veste un tee-shirt noir représentant des anneaux olympiques en forme de menottes. D'habitude, son unique coquetterie stylistique consiste, été comme hiver, en un tee-shirt blanc sous sa chemise ouverte au col, avec une veste un peu boudinante par-dessus le tout. Le 10 juillet 2008, il interpelle, debout, le président français assis dans les rangs du Conseil européen, à gauche de l'hémicycle, qui l'écoute en prenant des notes, impassible :

« Vous allez manger avec des baguettes avec le président de Chine pour ouvrir les Jeux olympiques. Bon appétit. Moi je penserai à tous les prisonniers qui croupissent dans les prisons chinoises. Et moi je vous dis, vous aviez une occasion en or de défendre les valeurs européennes, de la démocratie, de la liberté, en disant : je ne participe pas à l'ouverture des Jeux, à la mascarade du Parti communiste chinois. [...] Monsieur le président, c'est une honte, c'est minable d'aller à l'ouverture des Jeux olympiques ! »

Le 18 janvier 2012, il fait de même face à un Viktor Orbán plus mince qu'aujourd'hui, qui entame alors sa sixième année à la tête du gouvernement de Hongrie – qu'il n'a toujours pas quittée treize ans plus tard. Comme Sarkozy, Orbán écoute sans broncher Dany qui l'accuse de s'approprier la Constitution et de devenir « un Chávez européen » :

« Pour que tout soit clair : les Verts, et moi personnellement, nous aimons la Hongrie. J'ai pleuré en 1954 quand la Hongrie a perdu en Coupe du monde. Ma première manifestation, ça a été à la main de mon frère en 56 contre l'intervention soviétique à Budapest. J'étais du côté de Viktor Orbán quand il s'est battu contre les communistes à la fin des années 1980 et au début des années 1990. J'étais du côté de Viktor Orbán quand il a demandé aux libéraux européens d'expulser Haider [Jörg Haider, dirigeant de l'extrême droite autrichienne] du Parti libéral européen. Il y avait un Viktor Orbán qui pour moi était un homme politique qu'on devait respecter. Aujourd'hui, monsieur Orbán, vous êtes sur le chemin de devenir un Chávez européen, un national-populiste qui ne comprend pas l'essence et la structure de la démocratie.

« Je vais vous dire une chose très simple, monsieur Orbán. L'information équilibrée n'existe pas. Est-ce que vous croyez que M. Nixon trouvait l'information du Watergate équilibrée ? Évidemment non. Est-ce que vous croyez que M. Bush trouvait l'information sur Abou Ghraib équilibrée ? Bien sûr que non ! Est-ce que vous connaissez un des grands pouvoirs politiques, comme le pouvoir français sous Dreyfus, qui trouvait une information équilibrée ? Les recherches sur la vie ou la politique de M. Berlusconi, est-ce que vous croyez qu'il trouve cette information équilibrée ? Bien sûr que non. L'information doit déranger la politique. Et elle nous dérange, et ça fait mal, des fois. C'est pour cela, monsieur Orbán, que votre loi aujourd'hui [la réforme des médias, parmi une série de lois hongroises attentatoires aux libertés publiques] n'est pas une loi qui correspond aux valeurs de l'Union européenne.

« Vous dites que vous voulez une Europe forte. Une Europe forte doit être une Europe crédible. Si nous acceptons ce genre de lois en Europe, comment allons-nous discuter avec M. Loukachenko, comment allons-nous discuter avec la Chine ? Ils veulent tous des informations équilibrées, monsieur Orbán ! Est-ce que vous comprenez que l'Europe est née contre les totalitarismes, et que la base de la démocratie, la base de la liberté, c'est justement la liberté d'expression ? Jamais une démocratie n'est morte parce qu'il y avait trop de libertés. Les démocraties sont mortes quand on était en train de restreindre les libertés, monsieur Orbán. Vous le saviez il y a vingt ans, revenez à vos pensées d'antan.

« Je veux finir sur une chose, monsieur Orbán : si vous voulez vous battre pour les chrétiens dans le monde, nous sommes avec vous. Mais j'aurais rêvé et j'ai rêvé qu'aujourd'hui vous saluiez la révolution du jasmin en Tunisie, qui est la même révolution que vous avez vécue, monsieur Orbán : se libérer d'une dictature. Vous n'avez pas trouvé un mot pour les Tunisiens.

« Pour les chrétiens dans le monde, nous sommes avec vous. J'espère que vous serez avec nous pour lutter contre les dictatures dans le monde, qu'elles soient en Biélorussie, qu'elles soient en Tunisie, en Algérie, en Égypte, en Chine, en Russie, où que ce soit. Ce sont les valeurs communes de l'Europe que nous devons défendre ensemble. »

Le 16 avril 2014, Dany fait ses adieux au Parlement européen. Sa dernière intervention est un testament, un plaidoyer pour « les États-Unis d'Europe », une Europe fédérale que les rapports de force mondiaux exigent, et que les égoïsmes nationaux à courte vue empêchent de construire.

« Quand on parle du futur de l'Europe, ayons une vision. Je suis pour les États-Unis d'Europe. Oui, je crois que l'Europe fédérale est l'avenir du bien social, l'avenir d'une Europe où tous les citoyens pourront vivre bien et en paix. On va me dire : "Tu es un doux rêveur." Mais je vais vous avouer une chose : je suis un souverainiste. Or la souveraineté nationale n'existe plus. Elle a été balayée par la mondialisation. Notre projet de civilisation, de nos modes de vie dans le monde de la globalisation d'aujourd'hui, nous ne pouvons plus le défendre à un niveau national. Si nous nous replions sur la nation, nous serons battus et balayés, comme la souveraineté nationale a été balayée par la mondialisation. Voilà ce qu'il faut dire à ceux qui vendent des mirages du retour à la nation. Il faut leur dire : dans trente ans, plus aucun État membre de l'UE ne fera partie du G8. Même pas l'Allemagne. *Nicht mal Deutschland.* Il faut que les Allemands se mettent ça dans la tête aussi. Le G8, ce sera la Russie, l'Inde, la Chine, le Brésil, le Mexique, mais pas nous. À moins qu'il n'y ait une Europe fédérale.

Europe fédérale, c'est le contraire d'une …pe centralisée. Il faut que les Français compren…ent que le modèle centralisé de la République française est un modèle qui ne fonctionne plus dans le monde moderne. C'est pour ça que le fédéralisme est l'avenir de la modernité. C'est quand même pas tellement difficile à comprendre. Aussi, chers collègues, je dis à ceux qui seront là dans le prochain Parlement : ayez plus le sens de l'intérêt européen. Ne vous battez pas pour défendre des intérêts nationaux comme ça a été le cas quand on a débattu par exemple de la directive sur les voitures. Il n'y a pas d'intérêt commun qui soit réduit à un intérêt national. L'intérêt de l'automobile allemande n'est pas l'intérêt de toute l'Europe, comme l'intérêt de l'automobile française n'est pas celui de toute l'Europe. Il faut que tout le monde le comprenne. »

Sa dernière intervention s'achève sur l'incitation aux Européens à soutenir l'Ukraine contre l'annexion de la Crimée par Vladimir Poutine, et l'ovation du Parlement offerte à Dany est aussi un hommage à l'apport du député à l'histoire européenne. Son compère libéral, le Belge Guy Verhofstadt, applaudit à tout rompre. Le président social-démocrate du Parlement, l'Allemand Martin Schulz, n'ose pas interrompre un discours qui dépasse de plusieurs minutes le temps réglementaire. Il lui a laissé douze minutes au lieu des cinq imparties et déclare, visiblement très ému : « Maintenant, nous savons ce qui va nous manquer dans la prochaine mandature dans ce Parlement. Merci Dany. » Le même Dany lui avait pourtant lancé jadis un « Ta gueule ! » parce qu'il était dans « la coalition des hypocrites » qui avait fait réélire le président libéral de la Commission José-Manuel Barroso. « Je t'ai laissé le double du temps et j'ai bien fait car tu as fait un grand discours, lui a dit plus tard son frère ennemi. Tu me critiques en permanence, tu me dis que je suis bêta, mais nous sommes amis. Même si tu ne comprends rien au foot [Dany soutient Francfort et Martin, Cologne], la lutte continue. »

Ce qui m'a le plus manqué à mon départ du Parlement, ce sont ces moments d'intervention comme co-président du groupe des Verts. C'est un défi calibré où en cinq minutes précises, sans texte, tu donnes tout de ta personne pour faire avancer les choses. Chaque mandature a eu sa spécificité, marquée par des grands moments. Il y a eu la mobilisation avec Bernard Kouchner en 1994 (alors député européen dans le groupe socialiste) pour l'intervention en Bosnie puis au Kosovo, qui était très difficile à faire passer dans le groupe des Verts. Il y a eu le forum de fédéralistes européens qu'on avait créé avec Guy Verhofstadt (eurodéputé libéral et ancien Premier ministre belge) et Sylvie Goulard (eurodéputée MoDem).

Au Parlement européen, j'étais un jour avec Kofi Annan et le lendemain avec une délégation des Verts européens à Moscou au siège de Memorial, l'institution dissidente créée par Sakharov. Puis je me retrouvais à dîner avec les dissidents Gari Kasparov, le plus grand joueur d'échecs de tous les temps, et le national-bolchévique Édouard Limonov. Kasparov m'avait dit alors – c'était à la fin de 2007 : « Dany, tu t'étonnes sûrement que j'aie invité Limonov à notre dîner. Dans un Parlement libre, nous nous insulterions quotidiennement puisque politiquement, tout nous oppose. Mais pour l'instant nous luttons ensemble contre Poutine, pour la démocratie et un Parlement libre. » Ce voyage à Moscou m'a profondément marqué. La lucidité et le courage des dissidents que nous avons rencontrés étaient impressionnants et permettaient de mesurer qui était ce Poutine sur lequel les Européens fermaient les yeux. Même s'ils étaient d'obédience politique totalement différente, ils se respectaient et se soutenaient fraternellement pour l'instauration d'une démocratie parlementaire, leur seul objectif commun.

Mon pire souvenir reste le référendum de 2005, par lequel les Français ont rejeté le traité constitutionnel européen. L'élan positif de l'Europe s'est brisé à ce moment-là et on n'a jamais pu le retrouver, et le Brexit en a été une des queues de comète. Le plus épuisant étaient les mensonges qui fondaient la campagne du « non ». La France a refusé le traité constitutionnel pour des raisons dont la plupart n'ont rien à voir avec l'Europe. Les Britanniques ont largement contribué à alimenter de faux arguments en insinuant par exemple l'idée qu'en constitutionnalisant les traités on constitutionnalisait une politique et des orientations sociétales.

Longtemps après, si je croisais Laurent Fabius, le leader du « non » au Parti socialiste qui avait promis « un plan B » pour l'Europe en cas de « non » au référendum, je ne me lassais pas de lui demander : « Alors il est où ton plan B, tu l'as trouvé ? » Ce traité constitutionnel a été rejeté et c'est un échec énorme. Le traité de Lisbonne qui lui a été substitué était différent, moins ambitieux, et il n'a pas arrangé les choses même si, malgré ses lacunes, il a permis de continuer la construction européenne. Nicolas Sarkozy n'avait d'ailleurs pas pris en traître ses électeurs : il avait annoncé pendant sa campagne qu'il négocierait un nouveau traité, précisément pour ne pas laisser la France déconsidérée et isolée des autres dans l'abîme du « non ».

Les Verts français s'étaient prononcés à 55 % pour le « oui » mais ils avaient éconduit Dany de la campagne. Il avait commis le crime politique de prôner une alliance des Européens de droite et de gauche et de participer à des meetings non seulement avec les socialistes François Hollande et Ségolène Royal – passe encore – mais aussi avec François Bayrou et Michel Barnier – la droite ! C'est le début de la fin de son histoire avec les Verts français et le parti Europe Écologie Les Verts, que Dany quittera en tant que tel en 2012, même si le bannissement de l'eurodéputé sera passagèrement pardonné par les 16 % qu'obtient sa liste lors de l'élection de 2009. Il a alors réussi son pari d'ouvrir les Verts à une partie de la société en composant une liste où la moitié des candidats n'étaient pas des cadres ou des militants du parti mais des personnalités de la société civile, tels l'agriculteur José Bové ou la juge Eva Joly. De 2005 à 2014, jusqu'à la fin de son quatrième mandat, les années au Parlement européen sont consacrées à solder l'échec de 2005 et à définir une ligne commune pro-européenne opposée à l'Europe libérale. C'est dans le cadre de cette stratégie qu'il soutient l'intégration dans le groupe d'un berger casseur de McDonald's qui avait milité pour le « non » : José Bové. Auprès de ses camarades, le nom suscite un tollé d'indignations : « Bové ? Ça va pas la tête ? C'est lui qui nous a fait perdre ! » Bové subissait les mêmes quolibets dans sa famille de « nonistes » : « Comment tu peux t'allier avec un européiste comme Dany ? »

L'idée d'intégrer José Bové dans la liste Europe Écologie venait en fait de Cécile Duflot, alors secrétaire nationale des Verts. Ne pouvant s'opposer à la dynamique d'Europe Écologie, se constituant en alternative au sectarisme des Verts – une maladie infantile partidaire –, elle avait cru pouvoir utiliser José pour contrer mon influence libérale et européiste. Ce qu'elle n'a pas anticipé, c'est qu'entre José et moi il y avait une connivence forte, liée à notre passé libertaire et à la lecture de Cornelius Castoriadis. Il n'a jamais mis en question mon leadership dans la campagne, au contraire. Avec son sens politique, José a tout de suite compris ce qu'était l'intérêt supérieur de l'initiative d'Europe Écologie. Il fallait présenter un projet européen et écologiste pour dépasser la fracture, le fossé et les blessures, conséquences des débats sur le projet constitutionnel. Eva Joly, une juge libérale à la pointe du combat contre les fraudes fiscales et la corruption des grandes entreprises, était elle aussi convaincue de surmonter nos différences, de nous rassembler sur un projet européen, et de nous projeter dans l'avenir. Oui, une autre Europe nous semblait possible.

Si certains considèrent qu'entrer au Parlement européen revient à renoncer à toute forme d'activisme, ce n'était manifestement pas le cas pour José Bové. José, « mon meilleur ennemi » sur le traité constitutionnel européen, est sans doute l'un des écologistes dont la culture politique résonne le plus avec la mienne. Foncièrement libertaire et attaché à un idéal européen progressiste, ses combats pour la démocratisation de l'Union européenne ou de la mondialisation détonnent par rapport à la démagogie étato-nationaliste en vogue. Cette démocratisation est indispensable. Ce qui nécessite toujours comme colonne vertébrale, même si les États, les dirigeants, les opinions ne sont pas assez mûrs pour le décider, une Constitution européenne intégrant la Charte des droits fondamentaux. Une réforme du mode de scrutin avec l'instauration de listes européennes, condition pour un espace public européen. Cette réflexion sur la démocratie européenne est devenue ainsi, avec l'écologie le cœur de notre projet commun.

En décembre 2007, Dany est à Prague pour préparer la présidence de l'Union européenne du premier semestre 2008, qui revenait à la République tchèque. Il s'est rendu dans la capitale avec les autres chefs de groupe du Parlement européen et son président, le conservateur allemand Hans-Gert Pöttering. Après un dîner convivial avec le Premier ministre Mirek Topolánek, les députés devaient encore affronter le plus dur : l'ultralibéral, colérique et europhobe président Václav Klaus. Ils sont reçus le lendemain dans son bureau, au château de Prague.

Au moment où le président tchèque leur dit son indignation d'être caricaturé dans la presse européenne et d'y être traité à tort comme un « europhobe », Dany pose discrètement devant lui, sur son bureau, un petit drapeau européen. « Il est phobique. Ça va le rendre fou », avait prévenu Dany en préparant son plan. Václav Klaus fait d'abord mine de ne rien voir. Mais pendant qu'il répond aux questions du député sur ses positions européennes, Dany agite de temps en temps le petit drapeau, sous les yeux du Président qui finit sur les nerfs. Il explose :

« Personne ne m'a jamais parlé ici sur ce ton ! Vous n'êtes pas sur les barricades de Paris ! »

Puis, se tournant vers M. Pöttering :

« Pouvez-vous interrompre M. Cohn-Bendit et donner la parole à un autre député ? »

(M. Pöttering n'en fait rien.)

« C'est incroyable, reprend Klaus. Je n'ai jamais vu autant d'insolence ici.

— Forcément, c'est la première fois que vous me rencontrez ici ! rétorque Dany.

— La manière dont M. Cohn-Bendit me parle, c'est exactement comme parlaient les Soviétiques ! lâche M. Klaus à *M. Pöttering.*

— Comparer l'Union européenne à l'URSS est inadmissible ! » s'énerve à son tour M. Pöttering.

Ce que Dany a apporté au Parlement européen, c'est la radicalité de son franc-parler. L'art de mettre les pieds dans le plat.

Ce que j'ai apporté, en effet, c'est la passion européenne d'un ancien des barricades de 68 que la plupart des gens cataloguaient à l'extrême gauche. Je pense que cette surprise que j'ai créée est mon apport le plus important. Cela a pu contribuer à faire de ma sensibilité à l'écologie et au social une dimension nécessaire de la politique européenne. J'ai aussi servi à ce que l'idée d'identité européenne soit devenue quelque chose de défendable. On ne peut pas être simplement défini par son identité nationale. Toute mon histoire au Parlement, c'est ça.

En déplacement, je provoquais mes interlocuteurs. En Grèce, on me conseillait de ne pas évoquer le problème de la Macédoine ou de Chypre. Évidemment, je commençais par là. Je confrontais le nationalisme grec à l'émergence des aspirations de la Macédoine. Ou je confrontais le nationalisme turc à la nécessité d'indépendance de Chypre et à la légitimité d'une reconnaissance de l'identité kurde. Enfin, j'aimais commander à Athènes un café turc et à Istanbul, un café grec. Rien ne m'énerve plus que les éléments de langage codifiés. Pour un débat sur l'intégration de la Turquie en octobre 2004, les Verts européens avaient invité à Istanbul les ministres des Affaires étrangères allemand et turc, Joschka Fischer et Abdullah Gül. Lors d'une réunion préparatoire dans un hôtel de la ville, je commande alors en leur présence un café grec. Abdullah Gül me regarde étonné, puis il me lance, avec un sourire complice : « Dany, quand nous en serons à pouvoir commander des cafés turcs en Grèce et grecs en Turquie, mon pays sera membre de l'Union européenne ! » On en est loin. Mon rêve d'un élargissement de l'Union jusqu'au Bosphore s'est fracassé sur la réalité des contradictions de la société turque, et sur l'incapacité des Européens à se réformer. Élargir l'UE à un aussi grand pays que la Turquie sans repenser et transformer son fonctionnement démocratique aurait mis mon rêve fédéral européen plus qu'en péril. Il se serait suicidé.

Le Parlement européen et d'une manière générale les institutions européennes sont souvent perçus comme étant hors sol, déconnectés des réalités et des gens. Cette perception dont se servent goulûment les dirigeants nationaux pour trouver un responsable imaginaire à leurs propres défaillances est-elle en partie fondée ?

Elle est liée à une méconnaissance totale de ce qui s'y passe vraiment et de « à quoi ça sert ». Je ne dis pas qu'il n'y a pas de critiques et de réformes à faire, au contraire. Si l'on s'arrête, par exemple, aux transhumances financièrement et écologiquement très onéreuses des députés et « eurocrates » qui rejoignent Strasbourg pour les sessions une semaine par mois, il y a de quoi être perplexe et nourrir de l'hostilité envers une espèce de caste de privilégiés. Sur les privilèges, il y aurait matière à écrire de nombreuses pages. Mais parmi toutes celles et tous ceux qui ont vécu de l'intérieur les institutions, et, en particulier le Parlement européen, en y travaillant avec un vrai engagement, je ne connais personne qui n'y ait pas vécu une expérience inédite qui permette de comprendre mieux votre pays à la fois de l'intérieur, et aussi de l'extérieur, en apprenant à se décentrer grâce aux rencontres et au regard des autres.

Si j'ai tant aimé cette vie de parlementaire européen, c'est parce qu'on y est sans cesse bousculé par des états d'esprit différents. Nous arrivons tous là avec notre culture nationale, nos préjugés, nos réflexes stéréotypés par une longue histoire dans notre pays, et à un moment ou un autre on se retrouve amené, parfois sans s'en apercevoir, à revisiter notre histoire, nos interprétations, nos démons. C'est un orchestre où on apprend à composer avec des notes qui ne sont pas spontanément les nôtres. Les discussions, les engueulades, les négociations, les compromis nécessaires avec les autres partis et les autres pays nous forcent à nous remettre en question, un peu comme face à nos enfants quand ils nous enjoignent de reconnaître qu'ils ne pensent pas comme nous et qu'ils ne sont pas nous. Cette expérience de l'autre que nous offre le Parlement européen est une richesse inouïe. J'y ai passé des années incroyables, d'une langue à l'autre, d'un pays à l'autre.

Vu de l'extérieur, l'espace de vie des parlementaires a des allures de huis clos. Bruxelles, qui est le siège des trois institutions et le lieu où réside l'immense majorité du personnel de celles-ci, est en effet l'une des villes où l'on peut rapidement « perdre le nord ». Non seulement à cause de sa configuration assez labyrinthique, mais surtout en raison du nombre de langues qui résonnent dans ses rues. Le climat est très différent à Strasbourg, où tout le monde se retrouve donc une fois par mois pendant quatre jours. Là, au contraire, c'est le déracinement. Après un voyage qui démarre en général le lundi matin, et qui peut être interminable pour certains en fonction de l'endroit d'où ils viennent, le séjour à Strasbourg dure jusqu'aux derniers votes du jeudi qui s'achèvent en tout début d'après-midi. La ville est alors désertée par ces hordes de députés et « travailleurs des institutions ».

À Strasbourg, on vote, on court, on enchaîne les réunions du matin tôt jusqu'à l'heure du dîner, pour peu que l'on ne doive pas rester dans l'enceinte du Parlement pour intervenir, dans le meilleur des cas, trois à cinq minutes en séance plénière. Les débats sont parfois ennuyeux, souvent passionnants et surprenants. Je me rappelle un conflit sur la pêche où tous les députés espagnols, de l'extrême droite à l'extrême gauche, défendaient la position de leurs pays, face aux députés français pareillement unis pour défendre celle de la

France. Un siècle plus tôt, les marines nationales auraient été chargées de régler militairement la chose. Au Parlement européen, on s'engueule verbalement et on trouve une solution.

À Strasbourg, les rythmes sont différents de ceux de Bruxelles et l'ambiance y est globalement plus tendue. La routine est interrompue, car le retour chez soi n'est pas possible. On passe des soirées à discuter, pas forcément avec les copains, et c'est là qu'on apprend le mieux à connaître les Européens proches ou lointains, comme à comprendre les arguments de nos adversaires politiques. J'avais comme la plupart des députés un agenda social très serré à dîner. Souvent nous nous retrouvions entre ceux de la bande des quatre qui avait lancé Europe Écologie Les Verts : Yannick Jadot, Pascal Durand, Jean-Paul Besset et moi. Il arrivait bien sûr que Yannick et moi ayons d'autres obligations beaucoup plus importantes qui nous obligeaient à sécher le dîner, comme un match de Ligue des champions. Les mardis, je retrouvais mes assistantes Mychelle, Gwendo et Cosima, ou des collaborateurs du groupe, souvent dans le même restaurant. Leur formation et leur intelligence des dossiers et des enjeux politiques m'étaient indispensables. Quant aux mercredis, ils étaient destinés aux dîners rituels avec mes compères et amis d'autres groupes politiques. Notamment Pierre Pradier (élu du Parti radical de gauche sur la liste de Bernard Tapie), José María Mendiluce (socialiste espagnol), Bernard Kouchner (socialiste) et plus tard Olivier Duhamel qui avait remplacé Bernard quand il est devenu ministre, et qui nous a apporté sa science des institutions au moment des débats sur le traité constitutionnel européen. Avec eux, on refaisait le monde. On parlait du Kosovo, de la Bosnie, de l'éradication de la faim dans le monde, de l'aide humanitaire, des régionalismes, des initiatives à monter ensemble pour faire avancer la cause. On rigolait beaucoup, on s'engueulait.

Certains me disent que l'atmosphère à Strasbourg a beaucoup changé. Au-delà de l'importance politique réelle de l'institution, je reste marqué par l'expérience riche et unique de ce travail en commun, y compris par nos dîners tardifs après lesquels chacun rentrait lessivé à son hôtel. Je n'oublierai jamais le soir où une assistante m'avait annoncé une soirée avec quinze personnes pour fêter mes cinquante ans, et que nous nous sommes retrouvés à au moins cinquante députés et assistants, de différentes nationalités et différents groupes politiques. Tard dans la soirée j'avais même réussi à faire entonner L'Internationale *par tout ce beau monde !*

Le tragique de l'histoire m'a rattrapé pendant mes mandats européens. Comme lors d'une mission où j'ai survolé la Bosnie en hélicoptère, d'où l'on pouvait mesurer la folie de l'épuration ethnique et des démons racistes qui s'étaient soudain emparés d'un peuple : les maisons des musulmans qui se repéraient à ce qu'elles étaient détruites, contrairement à celles, parfois mitoyennes, de leurs voisins serbes, parce que ces derniers voulaient les chasser du village. Quelques années plus tard j'ai assisté avec le groupe des Verts européens à une commémoration de la tragédie de Srebrenica. La vision de milliers de tombes d'hommes et d'enfants sauvagement massacrés a achevé de me convaincre que nous avons le devoir de protéger, si nécessaire militairement et au moins sur notre continent, les populations victimes d'agressions sauvages.

Je pense souvent à Jean-Sélim Kanaan. Il avait fait un stage au Parlement européen et avait travaillé avec Pierre Pradier, député européen et cofondateur de Médecins du monde, sur le projet d'une radio libre au Burundi après le génocide des Tutsi au Rwanda. Après l'intervention de l'Otan en Bosnie, il avait été embauché aux Nations unies et avait été affecté à Bihać (Bosnie-Herzégovine) avant de rejoindre au Kosovo Bernard Kouchner, qui y avait été nommé représentant spécial du secrétaire général de l'Onu. Il devait ensuite rejoindre le siège à Genève ou à New-York et, en attendant, avait été affecté en mission à Bagdad, au début de la guerre américaine en Irak. Il venait d'avoir un bébé. En août 2003, le siège de l'Onu à Bagdad a été détruit par un attentat à la bombe qui a coûté la vie à 22 personnes, parmi lesquelles le Haut-Commissaire des Nations unies aux droits de l'homme, Sérgio Vieira de Mello. Et Jean-Sélim Kanaan.

10

Des présidents et des chancelier(e)s

Le premier l'a expulsé, le deuxième l'a ignoré, le troisième l'a réintégré. De Gaulle, Pompidou, Giscard furent les trois premiers présidents français de Dany, à l'âge adulte. D'aucun il ne fut proche comme il le sera plus tard avec Emmanuel Macron, même s'il finit par avoir avec Valéry Giscard d'Estaing, celui qui en 1978 a levé son interdiction de séjour, quelques liens d'amitié. Côté allemand, il a peu connu les deux chanceliers qui ont duré le plus longtemps, Kohl et Merkel. Et peu apprécié les deux plus éphémères, Schröder et Scholz.

Comment Giscard d'Estaing en est-il venu à lever ton interdiction de séjour ?

Il y a eu plusieurs interventions, dont une pendant sa première année au pouvoir, en 1974, qui a peut-être eu un impact. C'est la photographe Marie-Laure de Decker, dont Giscard était très proche et qui était une amie de mon éditrice Betty Mialet, qui lui a demandé : « Tu ne peux pas lever l'interdiction de

Dany ? » Il lui aurait répondu : « Je m'en fous, mais le ministre de l'Intérieur [Michel Poniatowski] est absolument contre. »

Quatre ans plus tard, mon affaire a été prise en mains par les « nouveaux philosophes », André Glucksmann et Bernard-Henri Lévy. Le 7 septembre 1978, ils avaient tous été invités à déjeuner à l'Élysée et André avait écrit une tribune dans Le Monde. *C'était une lettre ouverte au président de la République dans laquelle il se disait très honoré de cette invitation, mais qu'il n'était pas question pour lui de l'accepter tant que l'interdiction de séjour de son ami Dany n'était pas levée. Les autres y sont allés. BHL a commencé le déjeuner par une demande d'engagement de sa part à lever l'interdiction. L'historien Alain Besançon était là aussi. Il ne me portait pas particulièrement dans son cœur et trouvait cette requête inepte, mais Giscard a cédé face à l'insistance des autres et il a donné sa promesse que ça se ferait, et sur le perron de l'Élysée, BHL a annoncé que le Président avait pris la décision de le faire. Michel Poniatowski a été obligé de suivre, en exigeant que je ne rentre qu'entre Noël et le jour de l'An, pour éviter une manifestation qui aurait fait désordre. Mais les passages de la frontière restaient compliqués, avec des contrôles de papiers et des coups de fil interminables entre les douaniers des deux pays. Quand Mitterrand est arrivé au pouvoir en 1981, le directeur de cabinet du ministre de l'Intérieur Gaston Defferre s'est trouvé être le préfet Maurice Grimaud, que je connaissais bien depuis Mai 68. J'en ai eu marre et j'ai téléphoné à Grimaud, que je n'avais jamais rencontré de ma vie, pour lui demander si j'allais devoir poireauter toute ma vie à la frontière pour rentrer chez moi en France. Il m'a dit : « C'est ridicule, je m'en occupe. »*

C'est ainsi l'ancien préfet de police de Paris pendant les événements de Mai 68 qui a fait lever le devoir de contrôle ! Maurice Grimaud a d'ailleurs toujours été opposé à mon expulsion et signait toutes les pétitions dont mon frère Gaby prenait l'initiative pour essayer d'obtenir la levée de mon interdiction de séjour. Grimaud argumentait que c'était grâce à moi, entre autres, s'il n'y avait eu aucun mort pendant les manifs de 68. Il est vrai que j'étais contre toutes les formes de violence et que j'essayais de calmer les gens – ce qu'il faisait symétriquement de son côté en essayant d'inciter les policiers à la modération. Nous avions le même rôle dans nos foules respectives, en quelque sorte. Cela a installé entre nous une sympathie qui n'avait pas trouvé à s'exprimer jusqu'à notre première rencontre organisée chez lui par le magazine Le Point*, en avril 2008. Il avait 95 ans, moi 63. Nous nous sommes littéralement tombés dans les bras ! On a croisé nos souvenirs de chaque côté des barricades. C'était extrêmement chaleureux. Il est mort un an après.*

Entretemps, pendant les années Giscard, mon expulsion avait donné lieu à une « jurisprudence Cohn-Bendit », laquelle correspondait à un arrêt d'Assemblée du Conseil d'État du 22 décembre 1978 intitulé

« Ministre de l'Intérieur c. Cohn-Bendit ». Car parallèlement aux interventions de Glucksmann et BHL auprès de Giscard d'Estaing, l'éditrice Betty Mialet m'avait signé un contrat de travail aux éditions Stock, où elle dirigeait plusieurs collections, afin que je perçoive un salaire qui me permette de revenir en France. Betty publiait tous les militants de gauche de l'époque, d'Alain Krivine à Michel Rocard en passant par la première collection féministe, « Voix de femmes ». Elle m'a proposé de faire partie de ce collectif et de venir travailler une semaine par mois à Paris, le reste à Francfort.

J'ai ainsi perçu un salaire français qui m'a permis d'invoquer la directive européenne sur les contrats de travail et de déposer un recours devant la Cour européenne de justice pour faire lever mon interdiction de séjour. La Cour européenne m'a donné raison : elle a signifié à la France que selon la directive que j'invoquais, mon contrat de travail de 1978 rendait caduque mon expulsion de 1968. Mais le Conseil d'État a considéré que cette décision ne valait pas pour moi, dans la mesure où cette directive n'avait alors pas encore été transposée dans le droit français. Ainsi, l'arrêt du Conseil d'État de 1978 connu sous le nom de « jurisprudence Cohn-Bendit » empêchait d'invoquer une directive européenne pour « le recours en annulation d'un acte administratif individuel ». Mais comme le ministre de l'Intérieur Poniatowski, à la demande du président Giscard d'Estaing, avait demandé la levée de mon interdiction de séjour entre le 25 décembre et le 1er janvier 1978, l'arrêt du Conseil d'État du 22 décembre n'a jamais eu besoin d'être appliqué.

Dans un nouvel arrêt du 30 octobre 2009, en revanche, le même Conseil d'État est revenu sur le précédent et a abandonné solennellement la « jurisprudence Cohn-Bendit ». Tout justiciable peut désormais se prévaloir d'une directive européenne pour appuyer son recours dirigé contre un acte administratif, même si cette directive n'a pas eu le temps d'être transposée par l'État français. J'aurai au moins servi à quelque chose !

Entre Giscard et toi, il y a eu l'Europe. Et ce long chemin de croix qu'a été la Convention sur l'avenir de l'Europe dont il était le président, et qui a abouti en 2005 à l'échec du traité constitutionnel européen, rejeté par référendum en France et aux Pays-Bas.

J'avais de très bons rapports avec Giscard. On buvait des cafés, on échangeait nos points de vue sur l'Europe. Nous avions construit une relation complice au moment de la réflexion sur le fameux traité constitutionnel élaboré par la Convention qu'il présidait. Cela me fait penser à une anecdote qui montre bien le mal qu'ont les dirigeants – en l'occurrence Jacques Chirac – à dépasser la cuisine politique au niveau national pour se mettre au niveau européen. C'était dans les coulisses de l'émission qu'animait Christine Ockrent sur France 3, « France Europe Express », avec

Serge July. Giscard et moi avions été invités à parler du traité et au maquillage – à son maquillage car moi je ne me fais jamais maquiller –, Giscard nous a raconté comment il avait fini par obtenir la présidence de la Convention malgré tous les efforts de Chirac, qui bien sûr le détestait, pour l'en empêcher.

C'est le fédéraliste européen Guy Verhofstadt, le Premier ministre belge d'alors, qui avait eu l'initiative d'une convention pour une constitution de l'UE, validée en décembre 2001 au moment d'un sommet à Laeken, en Belgique. L'idée avait été débattue et acceptée par Lionel Jospin au sommet de Nice, un an avant. « J'apprends que ce projet de convention que j'appelais de mes vœux est décidé, nous raconte Giscard. Naturellement, nous dit-il, j'appelle Chirac [avec qui les relations ne sont pas les meilleures] pour lui proposer d'en prendre la présidence. "C'est une excellente idée !, s'enthousiasme Jacques à l'autre bout du fil. Je vais de ce pas la soumettre à mes homologues." »

Une semaine plus tard Jacques rappelle Valéry : « Cher ami, j'ai soutenu votre candidature pour la présidence de la convention. Malheureusement, les Allemands ne sont pas d'accord. » Étonné, Giscard téléphone à son grand ami, l'ancien chancelier d'Allemagne Helmut Schmidt. Helmut semble surpris. « Je ne vois pas pourquoi nous nous opposerions à ton nom mais je vais me renseigner auprès de Gerhard [le chancelier en fonction, Gerhard Schröder] ». Gerhard dit à Helmut : « Au contraire ! Nous avons toujours dit que la présidence de la convention devait revenir à un

Français, et Giscard d'Estaing nous paraît le meilleur choix. » Valéry rappelle Jacques. « Cher ami, l'affaire est réglée : l'Allemagne est pour. C'était un malentendu, je le tiens d'Helmut qui le tient de Gerhard. — Ah ? dit Chirac. Eh bien vous m'en voyez soulagé et ravi ! Donc ça va se faire. » Quelques jours après, le président de la République rappelle Giscard : « Hélas, il y a un problème. Les Espagnols ne veulent pas. — Ah ? dit Giscard. Très bien, je m'en charge. » Il téléphone aussitôt au Premier ministre espagnol, José María Aznar, qu'il connaît depuis longtemps. Lequel tombe des nues et confirme qu'il n'y voit aucun inconvénient. Et voici comment, de guerre lasse, Jacques Chirac a dû se faire à la réalité douloureuse de devoir solennellement proposer Valéry Giscard d'Estaing à ses homologues chefs de gouvernement, et à le voir présider la Convention pour une constitution de l'Union européenne… qui ne verra jamais le jour malgré nos efforts communs.

Arrive Mitterrand…

*On ne peut pas dire que j'avais une connivence avec Mitterrand. J'avais appelé à voter pour lui en 1981. C'est la première fois que j'avais appelé à voter pour qui que ce soit et je faisais partie des badauds perchés sur un arbre lors de sa remontée du boulevard Saint-Michel vers le Panthéon, après son élection au son de l'*Ode à la joie *de Beethoven, qui n'était pas encore l'hymne européen. Son cynisme ne m'a pas impressionné, au contraire. Il me faisait froid dans le dos,* *son passé politique et sa participation au régime de Vichy ne me le rendaient pas sympathique, mais son savoir-faire politique était impressionnant et personne d'autre n'avait sa lucidité et son charisme pour ramener au pouvoir la gauche française. C'est son intelligence politique et sa conviction européenne à toute épreuve, qu'il partageait avec le chancelier allemand Helmut Kohl, qui leur ont permis d'imposer l'euro contre les réticences des « eurosceptiques » de tous bords.*

Il a d'ailleurs réussi à me faire chavirer le cœur en 1984, lorsqu'on l'a vu à Verdun, petit homme main dans la main avec Kohl qui faisait deux fois sa taille. Ils réalisaient le projet de ma vie entière, la réconciliation de la France et de l'Allemagne, la prise de conscience des guerres inutiles et effroyables qui avaient terrassé les deux peuples. Et le jour où il est venu au Parlement européen nous parler de l'Europe et de la guerre, il m'a totalement acquis à sa cause. C'était son dernier discours au Parlement. Il avait des difficultés à se tenir debout, s'arcboutait sur le pupitre, il souffrait visiblement. D'une voix fragile, mais sonore, il a lancé à l'assemblée son fameux « Le nationalisme, c'est la guerre ». Là, il m'avait conquis.

As-tu eu l'occasion de fréquenter Helmut Kohl ?

Non. Enfin si, une fois. Je n'ai jamais été un chaud partisan de Kohl et je l'ai trop longtemps sous-estimé, comme d'ailleurs de nombreux intellectuels et journalistes. C'était pourtant un « militant » dévoué à la cause européenne et il est devenu ce chancelier historique qui a su imposer l'euro aux milieux bancaires et économiques qui défendaient un nationalisme du Deutsche Mark. Il a eu parfois des réactions un peu maladroites mais j'ai appris à l'apprécier au fil des années et de toute évidence, le chancelier Kohl restera dans les livres d'histoire comme le chancelier de la réunification, visionnaire sur l'Europe et d'un réalisme révolutionnaire après la chute du mur de Berlin.

La seule fois où je l'ai rencontré ne s'est pas particulièrement bien passée. C'était pendant l'Euro de football de 1984 en France que je suivais en tant que consultant pour Europe 1. Avec ma casquette provisoire de journaliste sportif, j'ai ainsi couvert la visite du chancelier au camp de base de l'équipe allemande. Muni de mon Nagra et du micro d'Europe 1, je me mêle alors aux journalistes allemands et je lui pose une question sur les méfaits du nationalisme dans le foot. Étonné, il se tourne vers moi : « Je ne comprends pas votre question. » Mes collègues allemands éclatent de rire. Kohl : « Pourquoi ces rires ? » Un journaliste : « C'est Dany Cohn-Bendit qui vous a posé cette question ! » Il a tourné le dos, apparemment furieux, et a rejoint à grands pas son hélicoptère. Je n'ai jamais compris ce qui lui avait déplu : s'il avait été vexé par les rires des journalistes, ou de ne pas m'avoir reconnu, ou de n'avoir pas su quoi répondre.

Le premier chancelier que j'ai vraiment fréquenté est son successeur social-démocrate, Gerhard Schröder. Ma relation avec lui est contradictoire car il s'est révélé au fil des années être pour moi l'animal politique le plus détestable que j'aie pu fréquenter, ce que je n'avais pas senti. Pourtant, dès le début, au moins deux anecdotes auraient dû m'obliger à me méfier. La première a eu lieu en 1997, avant la mise en circulation de l'euro. Il était alors le candidat du SPD à la chancellerie, moi député européen. La première chaîne de télévision allemande organise un débat à quatre sur la monnaie unique, dans la ville néerlandaise de Maastricht. Deux étaient pour l'euro – le secrétaire général de la CDU Peter Hintze et moi – deux étaient contre – un professeur d'économie et le futur chancelier.

Au cours du débat, Schröder tient une position étrangement eurosceptique et quasiment nationaliste sur l'identité allemande, l'importance du Deutsche Mark pour l'Allemagne et ce que le pays perdrait avec l'euro. Le soir, je le rencontre au bar de l'hôtel. Je lui dis : « Non mais ça va pas la tête ? Tu as oublié que Mitterrand avait soutenu l'unification allemande en échange de l'euro ? L'euro est une avancée majeure de l'idée européenne ! Qu'est-ce qui te prend d'être souverainiste ? » Et Schröder me répond tranquillement : « Mais Dany, tu ne comprends rien à la politique. Pour être élu à la chancellerie je dois être contre l'euro, pour rassembler toute l'opposition de gauche, dont les souverainistes qui ont peur de perdre le Deutsche Mark. On verra après… »

Quelques mois après, la coalition des Verts et du SPD remporte les élections, Schröder est élu chancelier.

Dans la foulée, le 1er janvier 1999, c'est au tour de l'Allemagne d'assurer pour six mois la présidence de l'Union européenne, et, comme le veut la tradition, le dirigeant du pays en question vient défendre son programme au Parlement européen de Strasbourg. Naturellement je suis là, en tant que député et président du groupe des Verts. Et quelle n'est pas ma surprise d'entendre Schröder commencer son intervention par une ode à l'euro ! Son plaidoyer aligne des clichés qui ne surprennent personne et ne suscitent aucun bruit dans l'hémicycle… sauf un tonnerre d'applaudissements émanant du siège d'un député : c'est moi ! Surpris que ses banalités suscitent un tel enthousiasme, il en cherche l'auteur, et me voit. Personne ne comprend la scène, mais lui sourit : il se souvient de notre échange à Maastricht. J'ai mesuré son cynisme total.

J'en ai eu la confirmation quelques mois plus tard, quand Joschka Fischer m'a invité à la fête de son quatrième mariage. Je me retrouve alors avec Ingrid à la table du chancelier Schröder – qui venait de se séparer de sa troisième femme. Au cours du dîner, on voit Fischer se promener avec un bébé dans les bras. Interloqué, Schröder nous demande à Ingrid et à moi : « De qui est ce bébé ? » Je lui réponds : « C'est le fils de la troisième femme de Fischer. » Là-dessus, Schröder s'exclame, péremptoire : « Comment fait-il ? Moi si une femme me quitte, c'est pour toujours. Je ne veux plus jamais rien à voir avec elle, ni avec ses enfants. »

Le même Schröder, qui a été l'artisan de la première coalition à laquelle ont participé les Verts allemands à la fin des années 1990, avait une conception bien à lui du partage du pouvoir. Dès son élection, il l'a résumée dans une interview de la façon suivante : « Moi je serai dans cette coalition le cuisinier et Joschka Fischer mon serviteur garçon de table », « Koch und Diener ». *C'est bien plus insultant que le mot de « collaborateur » employé par Nicolas Sarkozy pour qualifier son Premier ministre, François Fillon !*

C'est cet homme-là qui est devenu l'ami intime de Poutine, qui a pu grâce à l'intervention du Président adopter deux enfants russes avec la femme qu'il venait d'épouser, qui a signé un contrat avec Gazprom trois semaines avant que son gouvernement ne tombe, et qui est devenu juste après son départ le président du comité d'actionnaires de Nord Stream, tout en déclarant que Poutine était un vrai démocrate. Cette carrière délétère de Schröder s'est terminée fin octobre 2024 dans une réunion publique organisée à Vienne par un journal d'extrême droite suisse, Die Weltwoche, *avec Viktor Orbán. Les deux ont fait l'éloge de Poutine et Schröder a félicité Orbán pour ses tentatives de trouver « une paix durable » en Ukraine.*

Gerhard Schröder, qui avait commencé sa carrière dans les jeunesses socialistes, courant marxiste traditionnel, finit ainsi, à 80 ans, comme un larbin de la démocratie illibérale et de l'impérialisme russe. Honni soit qui mal y pense.

Angela Merkel, elle aussi, est tombée de son piédestal.

J'ai peu connu Mme Merkel. Je l'ai rencontrée pour la première fois quand elle était très jeune ministre de l'Environnement du gouvernement Kohl, et moi adjoint au maire de Francfort. Après un talk-show à la télé où nous nous sommes assez bien entendus, nous avons dîné et discuté plus ou moins sérieusement des possibilités d'une coalition entre la CDU et les Verts. J'étais frappé qu'elle ne s'y montre pas du tout opposée car cet alliage était à l'époque, d'un côté comme de l'autre, littéralement impensable. Je l'ai revue quelques années plus tard, alors que j'étais coprésident des Verts du Parlement européen et elle, chancelière. À la veille de la présidence allemande pour l'UE, elle avait invité comme il était de coutume les présidents de groupe du Parlement européen pour présenter l'agenda de la présidence allemande. À la fin du dîner, au moment de la remercier pour l'invitation et de lui dire au revoir, je lui rappelle que nous avons déjà échangé.

« Ah bon ? fait-elle, jouant la surprise.

— Oui, à la fin d'un talk-show. Vous étiez ministre de l'Environnement et nous avons discuté ensemble d'une possible coalition entre la CDU et les Verts. »

Avec un grand sourire aux lèvres, elle me répond :

« Ah non, moi je n'aurais jamais fait une chose pareille ! »

Je savais pourtant que c'était son intention et qu'elle a longtemps regretté que la situation politique ne lui ait pas permis de tenter cette aventure. Sa réaction en 2011 après la catastrophe de Fukushima où elle a décidé de confirmer la sortie du nucléaire engagée par les sociaux-démocrates et les Verts, alors qu'elle avait été élue pour annuler cette décision, puis en 2015 l'accueil des migrants fuyant la Syrie et l'Afghanistan, tout montrait qu'elle était absolument compatible avec la position des Verts.

Elle est maintenant conspuée et paie pour avoir sous-estimé la réelle dimension de l'autoritarisme et de la volonté de conquête de Poutine, même si c'est une erreur collective de l'Allemagne, tous partis et tous dirigeants de partis confondus – à l'exception notable des Verts. L'apaisement, croyait-elle, croyaient-ils, était la seule politique possible avec la Russie post-soviétique. Comme le pensait Nicolas Sarkozy, qui a bloqué avec Merkel toute velléité d'intégrer l'Ukraine dans l'Otan en 2008.

La chancelière Merkel a été pour ainsi dire la mère de la nation. Une Mutti cherchant en permanence à réconcilier son peuple avec lui-même, d'Est en Ouest. Mais pour cela, elle a pour ainsi dire anesthésié la politique allemande. En voulant profiter d'une énergie pas chère, le gaz russe, elle a été coupable d'un aveuglement irresponsable sur la Russie de Vladimir Poutine. Elle n'en a pas moins marqué l'histoire contemporaine de l'Allemagne, d'abord du fait de son harmonie avec la population, mais aussi de deux fulgurances non préparées.

Après la catastrophe de Fukushima, elle a décidé la sortie définitive de l'Allemagne de l'énergie nucléaire alors qu'elle avait été élue pour en finir avec l'anti-nucléarisme des sociaux-démocrates et des Verts. C'était une décision radicale qu'il aurait fallu anticiper et préparer. Or Merkel n'avait ni prévu la fin des énergies fossiles, ni boosté les énergies renouvelables. Logiquement, la dépendance de l'Allemagne au gaz russe s'en est trouvée renforcée.

La deuxième fulgurance a eu lieu en 2015, quand elle a résisté à toutes les pulsions anti-immigrés et qu'elle a mobilisé la société allemande afin d'accueillir la vague des réfugiés venant de Syrie et d'Afghanistan. « Wir schaffen das », *« Nous allons y arriver », tel était son leitmotiv. Malheureusement, ce geste formidablement humaniste n'a pas été accompagné d'une politique d'intégration lucide. La pénurie de main-d'œuvre nécessitait une mise à plat de tous les obstacles administratifs qui barraient la voie au travail des réfugiés. Dans un contexte d'augmentation des flux migratoires et des difficultés de la société, son respect des droits humains et de la Constitution allemande s'est retourné contre elle dans l'opinion publique. Mais c'est injuste. La première femme chancelière m'a impressionné par sa simplicité et son honnêteté, malgré sa volonté d'éviter tout conflit avec la Russie, donc avec Poutine, dans la pure tradition de la politique allemande initiée par Willy Brandt. Cette politique, dont Merkel n'est pas la seule responsable, a été fatale à l'Ukraine.*

On aura l'occasion de revenir sur ta relation spéciale avec Macron. Mais avec Chirac, Sarkozy, Hollande ?

Chirac, je ne l'ai jamais rencontré personnellement. Pour moi, il reste avant tout le facilitateur des accords de Grenelle avec les syndicats, et surtout la CGT, en mai 1968 ! Il était le secrétaire d'État à l'Emploi du président Pompidou et était arrivé en tremblant d'angoisse au rendez-vous avec Henri Krazucki, le numéro 2 de la CGT. Devenu maire de Paris, lui-même avait raconté que la rencontre avait eu lieu en cachette dans une chambre de bonne, et qu'il était si peu rassuré qu'il y avait été avec un revolver dans la poche. C'est mon ami Joschka Fischer qui a de lui un souvenir plus personnel. Lors d'un sommet franco-allemand, il s'était retrouvé à dîner avec Chirac, Schröder et Dominique de Villepin, son homologue français aux Affaires étrangères. Chirac discutait de manière sympathique avec Fischer, et quand il a appris que le fils de Joschka suivait une formation de cuistot, il lui a proposé spontanément : « Si ton fils veut apprendre la bonne cuisine, qu'il vienne faire un stage à l'Élysée ! » Ce fut fait. Je ne pense pas que les clients du fils de Joschka Fischer se doutent qu'il a été formé à l'Élysée !

Sarkozy l'hyperactif. Il a un besoin narcissique qu'on le trouve sympathique et plaisant, et il peut l'être. Comme par exemple après mon intervention critique sur sa présence à l'ouverture des Jeux de Pékin. Sa réponse, il faut l'avouer, était très malicieuse : « Cher président Cohn-Bendit, c'est toujours étrange avec vous : vous êtes une personne courtoise, tolérante, sympathique lorsqu'on vous rencontre en privé, lorsqu'on vous invite à déjeuner [...], et le même homme que l'on a plaisir à fréquenter se transforme soudainement. [...] Je vous connais depuis longtemps. On se téléphone souvent, vous êtes venus trois fois déjeuner à l'Élysée. Certes, une fois vous êtes arrivé en retard : je ne vous avais pas mis les motards. Et pour que vous ne soyez pas en retard au prochain rendez-vous, je vous les ai mis. Vous ne les avez d'ailleurs pas refusés. »

Ce qu'il n'a pas précisé, c'est que j'avais été à l'Élysée en tant que président du groupe des Verts, avec tous les autres présidents de groupe du Parlement européen. Il nous avait tous invités à déjeuner et j'avais, juste avant, un débat sur l'Europe avec Valéry Giscard d'Estaing à l'université Dauphine. J'arrive donc à l'Élysée avec un quart d'heure de retard. Sarkozy m'interpelle en présence de tous les autres :

« Pourquoi es-tu en retard ? »

Moi : « Excuse-moi. J'avais un débat à Dauphine avec Valéry Giscard d'Estaing et les étudiants avaient beaucoup de questions à nous poser. »

Lui : « Ah non ! Arriver en retard chez moi pour papoter avec Giscard, vraiment tu exagères. »

C'est après ce déjeuner, qui a duré plus longtemps que prévu, qu'il a mis à la disposition de la délégation du Parlement européen, dont je faisais partie, les gyrophares de la police nationale pour que nous puissions attraper notre train à la gare du Nord. Ces mêmes gyrophares dont il laissera entendre, dans son intervention au Parlement, que je les appréciais pour ne pas être en retard…

Après cette même intervention au Parlement, justement, il est venu me voir alors que je papotais avec son ministre des Affaires étrangères, Bernard Kouchner. « Alors, tes dissidents chinois ? me lance-t-il. Envoie-moi une liste et j'interviendrai en leur faveur à Pékin. » Le lendemain matin, mon portable sonne : appel anonyme. « Ici la présidence de la République, le Président voudrait vous parler. » Croyant à une blague, je réponds à mon interlocutrice : « Et ma grand-mère voudrait lui répondre. » Elle : « Non non, c'est vraiment le Président ! Je vous le passe. »

Au téléphone, Sarko me dit : « Je pars demain pour Pékin. Évidemment, je vais saluer le président chinois de ta part. Mais tu dois m'envoyer ta liste au plus tard en fin de journée. Tu verras, moi je tiens mes promesses. » Je fais donc envoyer dans la journée la fameuse liste des dissidents emprisonnés. Le lendemain de son retour de Pékin, nouvel appel de la présidence de la République. Nicolas Sarkozy : « Tu sais Dany, c'était difficile à Pékin car au même moment, Poutine venait de lancer ses chars en Géorgie. Pendant la cérémonie d'ouverture, j'étais assis à côté de lui. Tu ne peux pas t'imaginer son état. Furieux, il pestait et jurait en répétant à tout bout de champ à propos des Géorgiens : "Je vais les écraser" [les vrais mots de Poutine, tels que rapportés par Sarkozy, étaient nettement plus grossiers]. Bref, continue-t-il, j'ai passé un long moment à essayer de le calmer. Je n'ai pu passer ta liste qu'à la fin de mon séjour au porte-parole du ministère des Affaires étrangères chinois. Voilà. Dany, si tu as un problème, appelle-moi. »

Ainsi a débuté notre relation. Il se voulait en même temps sympathique avec moi, mais intransigeant en public, ne voyant en moi qu'un soixante-huitard qui refusait de devenir adulte. La dernière fois que je l'ai rencontré, c'était le jour des attentats du 13 novembre 2015 à l'enterrement d'André Glucksmann, dans la grande salle du Père-Lachaise où il s'est assis simplement, sans prendre la parole, voulant saluer un intellectuel qu'il considérait comme un ami.

Et Hollande ?

François Hollande, lui, était pour moi un camarade. Je l'ai rencontré plusieurs fois quand il était premier secrétaire du Parti socialiste. Nous avons milité ensemble pour le traité constitutionnel élaboré par la Convention dont Valéry Giscard d'Estaing était le président. Puis en 2007, le soir du premier tour de l'élection présidentielle qui opposait Nicolas Sarkozy et Ségolène Royal, j'ai été le voir avec mon frère, rue de Solférino, pour lui soumettre une idée qui aurait favorisé la victoire de Ségolène. Puisque le centriste François Bayrou avait terminé troisième avec 18,57 % et clamait sur tous les toits que ses modèles politiques étaient Romano Prodi et Jacques Delors, j'ai suggéré à François de demander à Delors d'organiser une réunion avec Prodi, Bayrou et Royal, et de sceller une entente capable de battre Sarkozy. François Hollande et son capitaine au long cours, Stéphane Le Foll, surpris, font mine de trouver l'idée excellente, mais ils semblent moins ravis quand les médias en parlent. Je ne savais pas que François Hollande considérait la perspective de Ségolène Royal à l'Élysée comme une catastrophe annoncée. Presque vingt ans plus tard, je dois humblement reconnaître qu'il avait été plus lucide que moi. Ségolène Royal aurait été une catastrophe. Sarkozy aussi en a été une.

Au début de son mandat, il avait invité comme le veut la coutume les présidents de groupes du Parlement européen, séparément, pour discuter de l'Europe. Je lui avais alors soumis une idée : Strasbourg, deuxième siège du Parlement européen, était sujet à critiques de la part de la majorité des députés européens. Le déplacement des 750 députés et de toute l'administration pour quatre jours, de Bruxelles à Strasbourg, était (est toujours) trop coûteux et écologiquement indéfendable. Pourquoi ne pas proposer, lui dis-je, une grande université européenne de troisième cycle à Strasbourg dans les locaux aménagés du Parlement ? Des étudiants européens pourraient par exemple y terminer leur formation en doctorat, des professeurs y exercer à tour de rôle des missions de trois ans. Ainsi la ville profiterait financièrement, culturellement, toute l'année, plus que de la semaine mensuelle des sessions parlementaires, de devenir un des sièges de la pensée et de la recherche européennes, financé par le budget européen.

« Très bonne idée ! » me dit Hollande, enthousiaste. « Très bonne idée ! » me dit Sarkozy à qui j'ai suggéré la même idée quelques années plus tard. Ni l'un ni l'autre n'ont eu la lucidité ou le courage politique de reprendre à leur compte cette proposition pour la défendre en France. Le débat sur Strasbourg en France est irrationnel. Conserver le siège du Parlement à Strasbourg a beau être absurde à tous points de vue, cela reste une symbolique si forte qu'elle interdit de comprendre qu'une telle université renforcerait la France dans l'imaginaire européen français. J'ai soumis plus tard la même proposition à Macron... avec le même succès !

François Hollande président avait toutes les cartes en main : majorité des régions, des grandes villes, du Sénat. Il a été victime de son propre parti, et peut-être aussi de son caractère bon enfant et conciliant qui ne lui permettait pas de se dépasser. Même si, d'après moi, il a dérapé sur la déchéance de nationalité (lorsqu'il avait annoncé une réforme de la Constitution afin que tous les terroristes binationaux soient déchus de la nationalité française), il a été lucide et courageux face à Poutine, aussi bien en annulant la livraison des navires Mistral à la Russie qu'en étant prêt à intervenir militairement en Syrie, après l'attaque aux armes chimiques par l'armée d'Assad soutenue par Poutine. On connaît la suite : le président américain Barack Obama s'est dégonflé et François Hollande a dû renoncer.

Il est difficile de faire un bilan de la présidence de François Hollande car elle été emportée par les attentats de Charlie Hebdo *et du* Bataclan *– et de l'*Hyper Cacher *et de la policière de Montrouge – qui ont mis la France à genoux. À ce moment terrible, François a été irréprochable. Son parti politique, et les frondeurs au premier chef, auraient dû avoir l'intelligence de comprendre que dans de tels moments historiques, ils devaient se souder autour de leur président. Ils ne l'ont pas fait. Comme souvent les gauchistes, ils étaient convaincus d'incarner le bien et de savoir mieux que quiconque ce que les Français attendaient d'un gouvernement socialiste de gauche. La preuve en a été amenée par le succès fulgurant de Benoît Hamon à la présidentielle de 2017 : 6,36 %.*

Parmi ceux qui ne sont encore ni président(e)s ni chancelier(e)s, y a-t-il une personnalité politique que tu voies émerger qui puisse faire face aux tribuns populistes, dans un monde où toutes semblent dépassées ?

Je ne sais pas si une personne émerge en particulier, mais je vois venir un nouveau type de personnalité qui pourrait apporter un contre-modèle, et c'est Robert Habeck qui l'incarne le mieux. Quand il commence sa carrière politique chez les Verts, c'est pour lui le début d'une deuxième vie puisqu'il a écrit des livres pour enfants et passé un doctorat de philosophie. Il est élu chez lui dans le Land du Schleswig-Holstein, devient le premier vice-ministre-président Vert du Land, puis co-dirigeant de l'Alliance 90/Les Verts avec Annalena Baerbock, puis vice-chancelier fédéral du gouvernement d'Olaf Scholz, puis… on verra, car ce livre est parti à l'imprimerie avant les élections fédérales du 23 février 2025.

Dès le début, Habeck a été très original par son talent de médiateur et sa capacité à expliquer ses décisions à la population dans des moments de crise. Quand il était ministre de la Transition énergétique, de l'Environnement et de l'Agriculture dans le Schleswig-Holstein, il avait trouvé des compromis avec les agriculteurs pour leur faire accepter la nécessité d'une réforme politique difficile, celle de la diminution de l'agriculture intensive au nom d'une agriculture durable. Chaque fois qu'il y avait un conflit, même quand il codirigeait le parti des Verts, il prenait le temps de la pédagogie et réussissait à convaincre ceux qui étaient a priori opposés à sa politique. Les Verts se sont envolés dans les sondages pendant la campagne pour les élections de 2021, et ils n'ont pas pu capitaliser sur cette lancée dès lors qu'Annalena Baerbock est devenue la candidate. Cette flambée politique était d'abord liée à sa personnalité et s'il avait été le candidat, Habeck aurait pu être le premier chancelier Vert en 2021.

Cela ne l'a pas empêché de se fourvoyer quand il est entré au gouvernement fédéral. Il s'est fait piéger par sa sensibilité écologique en voulant en finir brutalement avec les seize ans d'inactivité des gouvernements de coalition d'Angela Merkel avec les sociaux-démocrates. Partant du constat juste selon lequel on avait perdu seize ans dans la transition écologique, il a annoncé que le réchauffement climatique nous plaçait dans l'extrême urgence, et qu'il n'était pas minuit moins cinq, mais minuit cinq. C'est un argument dangereux. Comme dit Joschka Fischer, quand on n'a pas le temps, c'est qu'on n'a pas le temps, et l'erreur, c'est de vouloir rattraper en deux ans ce qui n'a pas été fait en seize. Et là, Habeck est tombé dans le piège technocratique qui s'est cristallisé dans la crise des pompes à chaleur : en définissant comme une extrême urgence la nécessité de remplacer par des pompes à chaleur les chaudières dans les bâtiments officiels et dans les logements privés, il a pondu un monument technocratique, un plan d'une centaine de pages fait d'injonctions irréalisables, sans même dire comment soutenir financièrement ceux qui ne pouvaient pas se le permettre. Il a attaqué de partout. Il a passé des mois à transformer la loi et en a perdu sa popularité.

Ce qui est intéressant avec Habeck, c'est qu'on a affaire à un homme politique qui aspire aux plus hautes responsabilités tout en étant capable d'autocritique. Un an après cette crise, il est revenu sur son erreur pour expliquer en quoi il était tombé dans le piège et comment cela l'avait fait réfléchir à une manière d'agir autrement et de ne pas se précipiter. Il est minuit cinq, eh bien il sera minuit sept. Si la société n'est pas prête à accepter la nécessité d'une décision, ça ne fonctionnera pas. Aujourd'hui, il est favorable à un compromis historique entre les chrétiens-démocrates de la CDU et les Verts, qui acte à la fois de la nécessité d'une transition écologique et de la nécessité de rassurer la partie de la société qui s'en inquiète, afin de dégager une majorité.

Il a été aussi l'un des premiers à se rendre en Ukraine, pendant la campagne électorale de 2021, et l'un des premiers à dire qu'il fallait armer l'Ukraine, sans quoi ce serait l'Europe et la démocratie qui seraient menacées. Il a été très critiqué, même dans son parti, et la Russie n'avait pas encore entrepris son invasion à grande échelle. Dès le début de la guerre, alors qu'il était ministre de l'Économie et chargé de l'énergie, il a immédiatement annoncé la fin de l'approvisionnement énergétique en gaz russe. C'est lui qui a poussé Olaf Scholz à abandonner la mise en fonctions du gazoduc Nord Stream 2, et qui a favorisé la construction de terminaux de gaz naturel liquéfié (GNL) et l'acheminement du GNL auquel les Verts s'opposent. Là encore, il a pris le temps d'expliquer les raisons géopolitiques de cette décision non écologique.

Robert Habeck a surpris la société allemande parce qu'il est le symbole d'une nouvelle manière de faire de la politique, démocratique, sociale, écologique et pédagogique. Il est à la fois d'une extrême sensibilité écologique, d'une extrême sensibilité à la réalité et d'une extrême modernité. Il a compris que la modernisation de l'économie allemande et européenne ne se fera qu'en respectant les nécessités de la transition écologique pour le monde de demain. Il est l'anti-Musk. Il est capable de renoncer à ses certitudes quand la réalité l'oblige à les remettre en question. En cela il est moderne, car la politique est devenue d'une telle complexité qu'il faut des personnalités politiques intellectuellement imaginatives et autocritiques pour agir en fonction des contradictions. En France, celui qui ressemblerait le plus à Robert Habeck est Raphaël Glucksmann. Mais Glucksmann est un homme sans parti, ce qui est plus compliqué.

11

Emmanuel Macron, ou pourquoi je me suis enflammé

À la fin du mois de juin 2016, Dany en a fini avec le Parlement européen depuis exactement deux ans. Une fois n'est pas coutume, il éprouve une forme de lassitude et de découragement. Confrontées à des zones dévastées par la mondialisation, à la crise des migrants de 2015 en Europe, à la peur de l'évolution démographique, à une classe moyenne blanche en perte de revenus, de statut et de repères, les démocraties occidentales voient enfler une vague de national-populisme à tous les horizons. Une première grosse déferlante vient d'avoir lieu dans la nuit du 23 juin 2016, avec le référendum sur le Brexit. Donald Trump et Hillary Clinton sont en campagne pour l'élection américaine du 8 novembre de la même année et la plupart des élites occidentales redoutent l'arrivée de Trump sans vouloir la croire possible. Des prémices de ce phénomène qui n'en finit pas de se régénérer sont apparus onze ans plus tôt en France et aux Pays-Bas, avec le « non » au référendum sur la Constitution européenne. L'idée de constitution, diluée à dessein à la demande des Britanniques par l'introduction de tous les traités dans le texte proposé au vote, aboutissait à un objet confus auquel chacun pouvait faire dire ce que bon lui semblait et sur lequel la quasi-totalité des électeurs se sont prononcés sans l'avoir lu. En est sorti ce « non » de 2005 devenu mythique, dont rares sont ceux qui savent aujourd'hui à quoi il disait non, qui a révélé une fracture politique profonde entre les partisans d'un protectionnisme national et ceux d'une souveraineté européenne. Le traité de Lisbonne qui s'en est suivi pour dépasser le blocage et réparer l'image écornée de la France en Europe, lui aussi mal ficelé et mal compris, a aggravé le discrédit des « élites ». Elles ont laissé un sentiment de confusion et de malaise que les populistes de droite et de gauche se sont fait un bonheur de récupérer à leur compte. Voilà pourquoi, en ce mois de juin 2016, notre député européen fraîchement retraité a le cafard.

Pendant vingt ans, sa fréquentation des chefs d'État et de gouvernement européens n'a fait qu'alimenter son vague à l'âme. Vingt ans au cours desquels il a eu le temps de s'étonner des discours ambigus et contradictoires qu'ils tiennent sur l'Europe. Quand ils n'accusent pas Bruxelles de leurs propres défaillances, c'est pour manifester un enthousiasme européen soudain qui s'éteint au moment de venir à des positions pratiques. Ils restent enfermés dans leur manière nationale de penser l'Europe et la désirent à l'image de leur pays. Les Allemands veulent une Europe allemande, les Français veulent une Europe française. En 2009, en tant que président du groupe des Verts, Dany était allé voir François Hollande, alors premier secrétaire du Parti socialiste, pour lui faire des propositions sur l'Europe. Il a en particulier une obsession : transformer le mode de scrutin des élections du Parlement européen de telle sorte qu'il ne soit pas seulement une addition de vingt-huit élections nationales. Il y aurait, suggère-t-il, deux bulletins de vote à glisser dans l'urne. Aux listes actuelles réparties en circonscriptions nationales s'ajouteraient des listes transnationales, identiques dans tous les pays de l'UE et où les partis présenteraient des députés de tous les pays, avec un programme commun. François Hollande avait écouté avec attention et fait part de son intérêt, assure Dany. Et puis, plus rien.

C'est donc dans un état d'esprit morose, déprimé par le Brexit, marqué par le coup d'arrêt durable qu'a porté l'échec du traité constitutionnel et frustré par les tentatives ratées des fédéralistes pour faire avancer la souveraineté européenne, que Dany Cohn-Bendit rencontre Emmanuel Macron. Il est alors le ministre de l'Économie, de l'Industrie et du Numérique dans le gouvernement de François Hollande qu'il s'apprête à lâcher. Il a déjà lancé en janvier le site « en-marche.fr » et fondé en avril le mouvement « En Marche ! », dont les initiales « EM » sont les siennes. On devine qu'il a fondé le site et le mouvement pour démissionner du gouvernement et se présenter à l'élection présidentielle, mais rien ne le confirme encore. L'eurodéputée MoDem Sylvie Goulard, qui connaît bien le jeune ministre, a eu l'idée d'organiser un débat avec lui à Sciences Po : « Tu verras, a-t-elle dit à Dany, il est sur notre ligne sur l'Europe. Il sera peut-être candidat à la présidence. »

Le 25 juin 2016, ils ont rendez-vous dans un café près de Sciences Po, juste avant le débat sur les conséquences de la sortie du Royaume-Uni de l'Union européenne, auquel ils doivent participer tous les trois. Le cinéaste Romain Goupil, l'inséparable ami de Dany, est là aussi. Emmanuel Macron arrive, s'assied à leur table, picore dans leurs assiettes. Ça va vite. Ils passent en revue les thèmes qu'ils veulent aborder : la souveraineté européenne, les élections transnationales, la mutualisation de la dette, le ministre des Finances de la zone euro comme première pierre symbolique du fédéralisme. Les échanges qui suivent dans une salle de Sciences Po sont du même ordre. En bras de chemise, car il fait très chaud, le ministre Macron emballe les débatteurs par sa vision passionnée de l'Union européenne, au lendemain du vote du Brexit. Lors du débat animé par le journaliste Jean Quatremer, il appelle à « refonder une ambition européenne qui définisse un vrai projet de souveraineté, c'est-à-dire quelle est la place de l'Europe dans le monde, et qu'est-ce que nous voulons faire à 27 États membres. » Dany enchaîne sur sa volonté de changer le fonctionnement de l'UE, et voit une possibilité de profiter du Brexit en remplaçant les 73 députés britanniques du Parlement par des élus d'une liste transnationale. « Cela permettra d'imposer un débat européen. » Le vœu restera pieux. Mais entre Emmanuel Macron et lui, le courant passe. Ils sont exactement sur la même longueur d'onde.

Oui, j'avoue, c'est un coup de foudre. J'aime sa simplicité. Au café où on discute avant le débat, rue des Saints-Pères, on sympathise tout de suite. Je suis scotché par ce jeune mec de trente-deux ans de moins que moi pour qui, dans sa pensée politique de la France, l'Europe est fondamentale, pour qui la souveraineté nationale ne peut être défendue que par la souveraineté européenne. J'ai l'impression d'entendre pour la première fois un responsable politique en France qui pense l'Europe et qui écoute. Il semble comprendre le sens des listes transnationales pour faire des élections européennes véritables. On avait exactement les mêmes vibrations sur l'Europe. C'est là-dessus que s'est créé un climat de confiance. Et, peut-être, d'admiration réciproque... du moins je l'ai cru.

En sortant du débat, Sylvie discute avec les étudiants, Dany donne une interview à la télévision allemande, Emmanuel fait des selfies. Puis prend Romain par le bras et, comme à un vieux copain alors qu'ils viennent à peine de se rencontrer, pose la question dont tout Paris attend la réponse : « D'après toi, quand est-ce que je devrais démissionner ? » Assez surpris, le cinéaste le vouvoie : « Vous devriez lire le livre de Dany, *Et si on arrêtait les conneries* [avec Hervé Algalarrondo], lui dit-il. C'est sur la situation politique, la fin du clivage droite-gauche, la critique des appareils en France, tout est là. Lisez ça. » Emmanuel Macron fait noter les coordonnées à son assistant. Une camaraderie s'est installée. Il lance : « Donc, on se revoit ? »

Rendez-vous est pris quelques semaines plus tard à *La Rotonde*. « Un dîner fondateur », selon les termes de Dany. La discussion est joyeuse et directe. Romain Goupil, sur sa lancée et fidèle à sa gouaille, va jusqu'à demander en rigolant à Emmanuel Macron si, conformément aux rumeurs qui circulent, il est homo. Le futur candidat à la présidence répond du tac au tac et rit : « Écoute Romain, si je l'étais, pourquoi je ne le dirais pas ? » Ils sont comme trois vieux copains autour d'une table, à se taquiner sur la politique en se faisant des confidences.

Le 30 août, le ministre de l'Économie démissionne du gouvernement pour préparer sa candidature. Le trio se retrouve à dîner en septembre 2016 à *La Rotonde*. Tout au long de la campagne, les discussions continuent. Dany est l'un des tout premiers à croire au fondateur d'En Marche ! et à parier sur sa victoire. Emmanuel l'appelle régulièrement et le bichonne d'autant plus qu'il espère son soutien public. L'inspirateur des écologistes européens, légende populaire et héros charismatique d'une génération qui n'est pas la sienne, ça ne peut pas faire de mal. En février 2017, Dany appelle à voter Macron, à la fois pour l'Europe et contre Marine Le Pen. Deux mois plus tard, il est l'unique intervenant extérieur du grand meeting de Macron à Nantes pour parler de l'Europe. Sur l'estrade, il s'enflamme pour ce candidat inattendu qu'il appelle encore « le petit Emmanuel ». Le soir, ils dînent à Nantes avec sa femme Brigitte, Richard Ferrand et une dizaine de personnes.

C'était un moment d'euphorie collective. On commençait à croire à sa victoire. J'étais subjugué par le fait que ce si jeune homme, en deux ans, ait réussi à bouleverser le paysage politique en France. Je ne lui devais rien, il ne me devait rien, c'était simple et limpide et très chaleureux.

Dans le studio d'Europe 1 où il commente en direct la victoire d'Emmanuel Macron et la soirée électorale, le 14 mai 2017, Dany essuie une larme.

Les deux soixante-huitards deviennent à l'Élysée des visiteurs du jour. Ils sont les experts du Président en agit-prop et en manifs, ses contradicteurs sur les sujets qui fâchent, son thermomètre d'une France en colère qu'ils connaissent mieux que lui. Dany reçoit des textos : « Quand tu es à Paris, passe à l'Élysée. » Ils se rencontrent le plus souvent à huis clos, sans conseillers ni témoins. « Comment tu vois les choses ? » « Comment tu sens la situation ? » sont les questions de base du Président à ses interlocuteurs. Notre-Dame-des-Landes et les migrants sont des points de discorde. Dany le Vert l'incite à laisser tomber l'aéroport. Dany l'ancien rouge devenu centre-gauche approuve moins la suppression de l'ISF associée à la baisse de l'imposition sur le capital. Il trouve la « flexi-sécurité » sur l'emploi trop « flexi », pas assez « sécurité ». Dans le pari revendiqué selon lequel le dynamisme de l'économie est la condition pour réduire le chômage, il ne voit toujours pas venir la solidarité. Le ton ne monte pas encore sur les pommes de discorde que seront l'accueil réservé aux réfugiés et la réforme des retraites.

Cette familiarité provisoire amène le Président à accepter de jouer un rôle dans *La Traversée*, le film de Romain Goupil et de Dany Cohn-Bendit relatant leurs rencontres avec des Français d'aujourd'hui, cinquante ans après 1968. Cohn-Bendit, Goupil, Macron : trois hommes et deux générations dans un road-movie.

La scène a finalement lieu le 10 octobre 2017 dans un bruyant café de Francfort où le Président est venu inaugurer la Foire du livre avec Angela

Merkel. Dany et Romain sont filmés assis à une table, face à face. Ils se chamaillent et n'arrivent pas à se mettre d'accord sur la manière de faire intervenir le Président dans le film. Dany veut tourner à l'Élysée, Romain trouve ça révérencieux et ridicule. Les deux partent facilement en vrille à coups de « tu m'emmerdes » ou de « gros con trotskyste autoritaire ». Romain filme Dany pendant leur engueulade, quand une autre caméra prend du recul et filme la scène entière en plan large. Un troisième homme en costume cravate, bras croisés, les regarde se chamailler en tournant la tête à droite et à gauche comme à Roland-Garros. On dirait un sosie ou une marionnette de cire, mais non : c'est bien le président de la République, tranquillement assis avec eux dans ce café de Francfort. Il intervient dans la conversation et improvise ce qui fut filmé en une seule prise. Sept minutes où, pour la première fois de l'histoire, un président de la République en exercice joue son propre rôle dans un film, personnage comme un autre de ce voyage en France d'un vieux couple qui voulait refaire le monde. Emmanuel Macron lance à Dany :

« Non, ce que tu pourrais faire, c'est le rencontrer [le Président] dans un café. Ce serait pas idiot.

— La France, c'est un pays bizarre qui se voit horizontal mais qui a besoin de verticalité. Et toi, tu théorises la verticalité, lui répond Dany. On se verra à Francfort. Comme ça il sera content, Romain.

— Vous me direz ce que vous avez vu du pays, surtout, poursuit Emmanuel Macron. Est-ce qu'il a changé, depuis 68 ?

— Il a énormément changé, lui dit Romain. Mais il reste un problème que tu pourrais résoudre, c'est au sujet des réfugiés... »

Après Francfort, notre dialogue se prolonge « pour de vrai » à l'Élysée et c'est sur ce sujet, justement, qu'on commence à diverger. Ce qui me plaît le plus à l'époque chez Macron, c'est son ouverture et sa vitalité. Ce qui me dérange le plus, c'est son attitude avec les réfugiés. On discute de notre incapacité à organiser l'examen des demandeurs d'asile et à faire la différence entre les migrants économiques et les réfugiés politiques que nous avons le devoir d'accueillir. On parle des sans-papiers qui travaillent en France et qu'il faut, selon nous, légaliser. Il insiste sur le fait qu'il faut être plus dur aux frontières avec les migrants pour mieux intégrer ceux qui sont entrés. On lui répond que c'est en étant plus intégrateurs qu'on peut être plus clairs et plus durs aux frontières. Ce ne sont que des nuances, mais il y a un moment où les nuances deviennent fondamentales. Pourtant on continue à parler de manière très ouverte de tous les sujets. On n'est pas des conseillers, on lui dit des choses, il dit oui ou non. Il y a une liberté de parole totale entre nous trois. Il me donne l'impression d'avoir envie de discuter avec nous, d'être bousculé, d'entendre des avis qui ne vont pas toujours dans son sens. Jusqu'à un certain point.

Lorsque Nicolas Hulot démissionne du ministère de la Transition écologique et solidaire, fin août 2018, le nom de Dany Cohn-Bendit circule à l'Élysée comme un possible remplaçant. Emmanuel Macron l'appelle : « Comment tu vois la chose ? Comment tu le sens ? »

*Je ne le sentais pas du tout. Je lui ai dit : « Si tu me nommes ministre, non seulement tu seras obligé de me consentir tout ce que tu avais refusé à Hulot, car je devrai prouver la signification de mon arrivée, mais en plus tu ne me supporteras pas. Imagine qu'on m'interroge à la sortie du Conseil des ministres sur cette histoire d'*Aquarius *[le navire de SOS Méditerranée, l'ONG qui vient au secours des migrants] que tu refuses de laisser accoster sur les côtes françaises en prétendant que les ports d'Espagne sont plus près que ceux de Corse… Je ne pourrai pas dire que le gouvernement a raison d'inventer un prétexte qui est faux ! »*

Le Président acquiesce. Il est convenu de répondre à la presse que Cohn-Bendit refuse d'envisager un ministère. Jusque-là, l'harmonie règne encore. Ils ont des échanges nourris, à l'image de ceux du début où les deux ex-révolutionnaires lui prodiguaient leurs conseils de vieux habitués des foules populaires. Ainsi pendant la campagne de 2017, quand Emmanuel Macron et Marine Le Pen avaient prévu de se rendre le même jour à Amiens à la rencontre des salariés de Whirlpool pour leur promettre de sauver leurs emplois, Dany lui avait envoyé par texto un conseil qui lui sera bénéfique : « Ne reste pas à l'intérieur, va dehors avec eux pour leur parler. » Pareil à l'hiver 2018, quand s'amplifiait le mouvement des Gilets jaunes : « Va sur un rond-point, discute », puis « Discute avec les syndicats, il faut des états généraux », que le Président adaptera avec sa formule du grand débat national.

Quand vient le débat sur la réforme des retraites, l'ambiance se tend. Dany presse Macron de considérer l'idée d'introduire un système de retraite calculé non pas sur un âge pivot, qui braque l'opinion, mais sur des points correspondant aux années de cotisation, comme le demande le syndicat réformiste qu'est la CFDT de Laurent Berger. Le Président se braque. Sa décision est arrêtée et il se lasse d'être contredit par le trublion qu'il trouvait utile. Le fou du roi n'amuse plus le roi. Entre eux, le charme est rompu.

Sur les retraites, on était en désaccord profond. Même sur la forme c'est devenu désagréable. Je lui disais : « Tu as besoin d'un ancrage dans la société. Tu dois négocier avec Laurent Berger ! » Lui : « Il a mal calculé, ça n'est pas efficace. » Moi : « Je vais te confier un scoop : Laurent a été à l'école, il sait calculer. » Lui : « J'ai raison, il se trompe », etc. Au lieu de laisser le débat ouvert et de parler avec Berger, il campait sur ses arguments technocratiques et a refusé la négociation avec la CFDT. Je sentais que c'était comme quand deux rails se séparent. Au début c'est très lent, et puis ils se séparent complètement. C'est là qu'on a commencé à diverger. Je lui ai écrit de temps en temps pendant la loi controversée sur l'immigration, sans réponse.

Finis, les SMS et les invitations à l'Élysée. Le Président ne répond plus. Sauf encore en mai 2022, quand Dany s'émeut avec d'autres de la perspective de remplacer le Premier ministre Jean Castex par une personnalité de droite, Catherine Vautrin. « T'en fais pas mon Loulou », lui écrit en substance Emmanuel Macron, avant de nommer Élisabeth Borne, venue de la gauche. Mais le débat sur les retraites, soldé par l'activation du 49-3 pour faire passer la loi, aura été leur coup de grâce.

Après la dissolution ratée de juin 2024 et pendant les cinquante et un jours de recherche d'un Premier ministre, le Président ressurgit soudain sur le portable de Dany. « Comment tu vois les choses ? » Ils échangent sur l'introduction d'un mode de scrutin proportionnel, une des idées de longue date de Dany Cohn-Bendit que le Président lui dit vouloir envisager – et que Michel Barnier et François Bayrou, les derniers Premiers ministres en date (à l'heure où nous bouclons ce livre), ont dit vouloir mettre en œuvre.

Ce qui reste pour moi le plus difficile à analyser et comprendre, c'est l'évolution du Macron que j'ai connu en 2016 et au cours de trois premières années de mandat de 2017 à 2020, et celui d'après. Entre le Macron ouvert, curieux d'écouter, convaincu par le dépassement des blocages politiques et capable d'organiser les débats avec les Gilets jaunes et d'avoir une relation étonnante avec son auditoire, et le Macron enfermé dans une vision technocratique qui n'a pas la compréhension des corps intermédiaires. Entre le candidat inattendu qui voulait de nouvelles pratiques politiques, et une présidence de plus en plus autoritaire et isolée qui va amener peu à peu à sa dégradation. Le summum a été la manière dont il a décidé la dissolution seul, en s'appuyant sur quatre ou cinq branquignols enfermés au château, obligé ensuite de chercher des coalitions dans une Assemblée plus illisible que jamais, et sans avoir jamais tendu la main quand c'était possible.

Tu parles comme un amoureux déçu !

On peut le voir comme ça. C'est vrai qu'à un moment, il s'intéressait à moi. Et après, plus. C'est vrai aussi qu'il y a quelque chose de satisfaisant d'être à tu et à toi avec un président de la République. Jamais je n'avais eu une telle connivence avec quelqu'un à ce niveau. Plus dure a été la chute. Est-ce que ma déception est seulement narcissique ? Emmanuel Macron est un dragueur intellectuel. Tel don Juan avec les femmes, il aime puis se lasse et jette. La fidélité n'est pas son trait de caractère le plus marquant. Petit à petit, tout ce qui nous avait rapprochés devenait un mirage par définition insaisissable. Il y a peut-être une blessure d'orgueil mais je ne crois pas qu'on puisse réduire à ça ce qui est d'abord une déception politique.

Le problème, c'est que je m'enflamme rapidement, et que je commence à avoir l'habitude de la déception. C'est ce qui s'est passé avec Macron, même si les fois précédentes n'étaient pas comparables. Willy Brandt [chancelier social-démocrate de l'Allemagne fédérale, de 1969 à 1974] a été une déception parce qu'il a commencé avec des promesses d'ouverture démocratique et a fini avec des « décrets contre les radicaux » interdisant le métier d'enseignant à des ex-membres d'organisations d'extrême gauche. Mais un chancelier n'a pas le pouvoir d'un président de la Ve République et je n'ai jamais eu avec Willy Brandt, ni d'ailleurs avec aucun chancelier ni avec aucun autre président français, la proximité que j'ai eue avec Macron.

Au-delà de Macron, il y a une maladie de la Ve République et elle a atteint Sarkozy et Hollande avant lui : l'Élysée rend fou. Après mon succès aux élections européennes de 2009, on me disait souvent que je devrais être candidat à la présidentielle. Je répondais : « Jamais ! La présidentielle, ça rend fou. » L'isolement de l'Élysée leur fait perdre à tous leur sensibilité à la société. Dans le cas de Macron, Jupiter est devenu de plus en plus sa véritable identité politique. Sa manière de faire de la politique contredit toute idée de dépassement du moi. Il est la démonstration que l'Élysée est un système d'isolement complètement sclérosé qui rend insensible à la réalité de la société et qui met en avant le plus détestable de la personnalité.

Ça ne veut pas dire qu'il se trompe toujours. Il a été à la hauteur dans tout ce qui est positionnement de la France en Europe. Il a très bien analysé la nécessité d'une souveraineté européenne et poussé dans cette direction. Après le Covid, il a réussi à persuader les Allemands de faire un emprunt commun pour sortir de la crise liée à l'épidémie. Après ses tergiversations fâcheuses pour « ne pas humilier la Russie », il s'est tenu à une position ferme face à Poutine. Pour tout ce qui est international et européen, il a eu la vision juste. Mais il n'a pas senti les fractures de la société, il n'a pas répondu au sentiment d'inégalité et d'injustice qui s'incruste profondément, il n'a pas su parler aux gens. Et surtout, à aucun moment il n'a accepté de se remettre en question. Même si Jupiter ne se trompe pas, Jupiter devient de plus en plus démocratiquement inacceptable en tant que pratique de pouvoir. Et, pour moi, de plus en plus distant et froid.

Toi, Dany Cohn-Bendit, l'éternel centriste en même temps révolutionnaire et antitotalitaire, toi l'apatride en même temps juif et français et allemand, tu as toute ta vie incarné le « En même temps ». Tu as cru avoir trouvé le Président qui pouvait mettre en œuvre cette imagination au pouvoir sans idéologie à laquelle tu aspires. T'es-tu trompé sur la personne ? Ou faut-il en conclure que le « En même temps » n'est pas applicable en politique, surtout dans un pays comme la France qui continue à mythifier sa révolution et où le compromis est vu comme une compromission ?

*Il y a une contradiction. Si tu veux être président dans la V*e*, tu dois être moi-moi-moi. Or le projet de Macron d'un « En même temps » supposait le dépassement permanent de son moi politique. Ce que j'ai mal interprété, c'est que le casse du siècle qu'a été sa victoire en 2017, ce pari réussi d'un jeune homme sans parti auquel personne ne croyait, n'a été possible que parce que c'était lui seul. Les images de lui marchant seul dans la cour du Louvre jusqu'à la pyramide, au son de l'hymne européen, j'avais trouvé ça beau. J'étais même très ému. Je n'avais pas vu qu'il y avait déjà derrière cette mise en scène un véritable problème. La mise en scène d'une solitude voulue. L'incarnation d'un moi jupitérien.*

J'ai cru qu'avec Macron, on avait enfin un homme politique différent, capable de dépasser les postures idéologiques et de débloquer la société et la politique. Il avait compris qu'il fallait trouver quelque chose de nouveau et ce qu'il avait appelé le « En même temps », ce n'était pas la droite et la gauche mais le meilleur de la droite et de la gauche, le meilleur de l'ancien et du moderne, de la tradition et de l'innovation. J'ai cru qu'il allait réussir cette idée de dépassement. J'ai projeté en lui quelque chose que j'avais formulé dans mon livre Il faut arrêter les conneries *sur la nécessité de sortir du clivage droite-gauche. Après nos discussions, j'avais l'impression qu'il était capable non seulement de dépasser les forces politiques de la V*e *République,* *mais de démocratiser la gouvernance et de sortir la France de ce républicanisme royal qu'impose l'Élysée dans la Ve. C'est exactement ce qu'il n'a pas fait. Il s'est imposé comme seul interlocuteur de la société. Le gouvernement ne l'intéresse pas. Le Parlement ne l'intéresse pas. Les élus et les corps intermédiaires ne l'intéressent pas. Quand il perd la majorité en 2022, il ne propose pas de véritables négociations avec les autres partis comme il le fera plus tard après la dissolution, quand il y est obligé et que c'est trop tard.*

Dépasser les blocages idéologiques nécessite une flexibilité intellectuelle et une capacité à évaluer collectivement les défis auxquels on se trouve confronté. Le caractère de Macron, son ego, sa surestime de lui-même l'en ont empêché. Au fil du temps il a perdu, déçu, voire écœuré, ceux qui l'ont aidé à émerger. Il s'est ostensiblement détourné de ses conseillers de gauche pour s'enfermer dans un tête-à-tête avec des béni-oui-oui de droite. Pour réussir son « En même temps », il aurait dû être à l'écoute permanente d'un petit groupe de conseillers d'horizons multiples et connaisseurs du terrain. Il a fini par vouloir incarner une droite moderniste en enterrant toutes ses velléités innovatrices. La nomination à la Commission européenne de Stéphane Séjourné, qui lui est dévoué, en est l'ultime preuve. Le Président ne le nomme pas avec l'idée que le commissaire puisse interagir de manière autonome au sein du collège, comme le faisait Thierry Breton, mais pour pouvoir négocier directement avec Ursula von der Leyen. Par son comportement, il dégrade son propre idéal européen.

La politique hors du clivage droite-gauche est définitivement enterrée ?

Je ne désespère pas qu'on puisse inventer quelque chose de nouveau. Emmanuel Macron n'y est pas arrivé parce que sa personnalité ne correspondait pas à son idée. Mais la difficulté de gouverner dans un monde moderne met tous les politiques à l'épreuve, dans tous les pays. On est dans un autre moment politique. Quand Macron est arrivé, la France était divisée en deux grands groupes. Il y en a au moins trois aujourd'hui. À partir de là, personne ne peut plus gouverner en affirmant qu'il a été élu sur son programme, et encore moins qu'il appliquera « son programme, rien que son programme mais tout son programme », comme l'avait déclaré Mélenchon. On se retrouve dans une situation que personne n'avait prévue : l'Élysée n'a plus de pouvoir et aucune force parlementaire n'a la majorité. C'est le moment ou jamais de se réinventer.

12

Nous l'avons tant aimée… la démocratie

Donald Trump a été élu le 5 novembre 2024. Exactement trente-cinq ans après le 9 novembre 1989, jour de la chute du mur de Berlin. En trente-cinq ans, quelque chose est mort. Aux États-Unis comme en Europe, de plus en plus d'électeurs, voire une majorité dans certains pays, expriment leur volonté du contraire : non pas la chute du mur, mais son rétablissement. Non pas la démocratie libérale, mais des régimes autoritaires, illibéraux, protectionnistes, hostiles à la régulation et au droit international. Toi qui t'es toujours battu pour la liberté contre l'autorité arbitraire, contre le nationalisme, contre le totalitarisme, toi qui avais réalisé au début des années 1980 un film[1] introspectif mi-nostalgique, mi-autocritique et que tu avais titré *Nous l'avons tant aimée, la révolution*, pourrais-tu intituler le prochain : « Nous l'avons tant aimée, la démocratie » – au passé ?

---

1. Produit par Ludi Boeken.

La révolution aujourd'hui, c'est celle du trumpisme-muskinisme, fier héritier du marxisme-léninisme. Celle de la mise en place d'autocrates dont l'objectif est de se passer du droit et des contre-pouvoirs, donc de faire sauter les verrous démocratiques et d'enrayer l'émancipation des éléments gênants : entre autres, les femmes et toutes les minorités. L'avènement d'une démocratie illibérale reposant sur l'égoïsme, l'intransigeance et le racisme.

Les moments révolutionnaires, c'est quand une idée parvient à se généraliser. Les révoltes de 68 et des années 1970 ont apporté la démocratisation dans l'enseignement et dans l'usine, la liberté des femmes et des homosexuels, des sociétés totalement différentes en réaction à celles des années 1950 et 1960. Elles ont déplacé les postulats de départ dans les réflexions et les débats. 1968 a été le moment où les femmes ont commencé à prendre conscience de ce qu'elles voulaient et pouvaient, alors qu'en France, entre autres, elles devaient avoir l'autorisation des hommes pour avoir un compte en banque. Avec elles tout le monde est entré dans la danse. Il y a eu des défauts, des ratés, des retours de manivelle, mais cela a ouvert la voie à des régimes politiques plus ouverts et plus démocratiques.

Ce qu'on a vu avec la victoire de Trump, c'est une revanche du machisme contre l'émancipation des femmes. Trump et Musk ensemble sont le symbole d'un machisme conquérant. Ils marquent la volonté des hommes, face aux crises multiples, de reprendre le pouvoir qu'ils estiment avoir perdu. Donald Trump, le milliardaire qui se rêve en autocrate et Elon Musk, le viril super-puissant et eugéniste avec ses douze enfants aux prénoms de vaisseaux spatiaux, c'est une réponse à l'extraordinaire émancipation des femmes depuis les années 1960.

On vit aujourd'hui un contrecoup violent. La réaction machiste à une société qui ne fonctionne plus seulement sur le pouvoir des hommes s'est trouvée renforcée par l'exagération des mouvements woke. Le wokisme, qui consiste à être « éveillé » et attentif à toutes les formes de discrimination, est une revendication juste. Mais cet éveil a glissé vers l'affirmation autoritaire d'un particularisme identitaire qui a chamboulé tout le climat politique de l'émancipation. N'importe quel sous-groupe s'est mis à considérer que ses droits particuliers l'emportaient sur les revendications universelles. Et on sait ce que la nouvelle révolution nationaliste et conservatrice de Trump et consorts doit aussi à l'exaspération que le wokisme a provoquée. L'autoritarisme machiste est en passe de redevenir culturellement hégémonique.

Les révoltes de 68 et celles qui ont suivi dans les années 1970 étaient a-démocratiques d'une autre manière, parce qu'elles révélaient une soif fascinante de liberté : « Vivre sans entraves », comme le suggéraient les situationnistes. Mon utopie de liberté à l'époque devait se réaliser dans le dépassement de la démocratie représentative par l'avènement de l'autodétermination des individus s'organisant dans des conseils ouvriers et citoyens : une république des conseils. À la fin des années 1970 j'ai peu à peu compris que ce mirage utopique, la république des conseils, était non seulement une chimère mais dépolitisait de fait les mobilisations écologiques et sociales. Après la lecture d'Hannah Arendt, de Raymond Aron, Jürgen Habermas et Claude Lefort, j'ai intégré dans mon logiciel théorique le sens profond de la démocratie parlementaire et de l'État de droit, seul garant de la protection des libertés. Les parlements doivent bien sûr être influencés, encadrés, souvent défiés par les fulgurances des débats et remis en question par les révoltes qui traversent la société. Mais j'ai enfin compris que c'est là, dans cet espace institutionnel démocratiquement élu, et pas ailleurs, que doivent avoir lieu les délibérations et les décisions politiques, sociales et économiques nécessaires.

Nous sommes maintenant arrivés à un moment historique déterminant. Le « nœud démocratique », comme l'explique Marcel Gauchet, ankylose nos démocraties. La transition écologique, par exemple, nécessite pour éviter un réchauffement climatique mettant en danger la planète dans vingt, trente ou quarante années, une vision politique à long terme. Mais la politique aujourd'hui ne se pense et ne se pratique que dans l'immédiateté. Les particularismes et la balkanisation des forces sociales revendiquant l'ici et maintenant rendent quasiment impossible tout débat rationnel sur le long terme. « Je peux remettre à demain, et même à après-demain, ce que je ne peux supporter aujourd'hui. » Et l'argument des écologistes qui mettent en avant l'urgence absolue face au réchauffement climatique n'impressionne plus.

Après la pandémie, les guerres – Ukraine et Moyen-Orient –, les crises multiples et variées, une vague de fond l'emporte : « Laissez-nous vivre comme avant. » « Arrêtez de nous imposer des interdictions, des régulations, des idéologies que nous ne partageons pas. » J'ai l'impression que l'espoir d'imposer dans les débats politiques une quelconque rationalité devient une nouvelle utopie. L'idée de Jürgen Habermas d'une société démocratique délibératrice, libre et non faussée, est contredite par la radicalité unilatérale des populismes de droite comme de gauche qui prônent des solutions simples souvent délirantes mais mobilisatrices. Les citoyens qui votent pour le trumpisme-muskinisme, pour le Rassemblement national, pour l'AfD ou pour La France insoumise, ce ne sont pas des millions de brebis égarées mais des électrices et des électeurs qui s'expriment en toute connaissance de cause. Ils sont convaincus, et c'est un sacré paradoxe, que seule une démocratie illibérale pourrait les libérer de tout ce qui les révulse : réfugiés, immigrés, wokisme ou l'écologisme incarnant la généralisation de l'interdit. Que seule une démocratie illibérale pourrait briser les nœuds démocratiques qui selon eux paralysent la politique. Croire à la libération par des autocrates, c'est la nouvelle illusion collective, la dernière religion inventée.

Que t'inspire cette régression ? Trente-cinq ans après 1989, on exalte de nouveau les identités, les nations et les frontières, et on érige les murs qu'on avait fait tomber. Qu'est-ce qu'on a raté ?

Moi, je suis un enfant de Roosevelt. J'appartiens à la génération de la fin de la guerre et de l'ordre mondial tel que les Américains et leurs alliés européens l'ont pensé au XXe siècle, à la fin de la Première Guerre mondiale avec le New Deal, et à la fin de la Deuxième, après la défaite du nazisme, avec l'idée d'une gouvernance mondiale structurée autour de l'Onu. L'Organisation des Nations unies permettait un dépassement des intérêts nationaux par des règles internationales valables pour tous. Puis la guerre froide a installé des logiques de camp contre camp et réparti le monde entre zones d'influence, soviétique et américaine. Cette logique de répartition économico-politique de la planète remettait en cause la capacité des États européens à défendre leur souveraineté. Cela valait autant pour les grands pays comme l'Allemagne, la France ou la Grande-Bretagne, et a fortiori *pour les autres. C'est aussi pour cela qu'ils n'arrivaient pas à s'opposer aux deux superpuissances, ni à la Chine qui commençait à se développer. L'histoire de l'évolution de ce que nous appelons l'Union européenne est justement une réponse à cette nouvelle mondialisation.*

Ce qu'on a raté, c'est de ne pas aller assez vite pour contrecarrer cette évolution. Après la chute du Mur, on s'est retrouvés rapidement dans le cas de figure où l'URSS a été remplacée par la Russie, où la Chine a accéléré son évolution, où les Américains se sont retrouvés face à ces deux puissances et les Européens, qui avaient délégué leur sécurité aux Américains, ont mis des années à comprendre qu'ils étaient démunis et en train de sortir de l'histoire. Sur l'urgence de la souveraineté européenne, Emmanuel Macron avait eu la vision juste dans son discours de la Sorbonne de 2017. En 2024, les deux rapports d'Enrico Letta puis de Mario Draghi allaient dans la même direction : l'Europe décroche par rapport aux États-Unis et à la Chine. Pour ne pas disparaître, il faut investir massivement en commun. Or l'Allemagne a cru qu'elle pouvait s'en sortir seule et la France a cru qu'elle pourrait s'en tirer en profitant de la force de l'économie allemande, qui ne fonctionne plus aujourd'hui. Nous avons été incapables de prendre conscience que seule la souveraineté européenne, donc plus de fédéralisme, pouvait nous éviter de rater la modernisation et de nous retrouver à la traîne. Pourquoi défendre une Europe fédérale – qu'on l'appelle États-Unis d'Europe ou République fédérale européenne ? Comme nous l'avons écrit, Sylvie Goulard et moi, dans une tribune du Monde*, ce n'est ni une rêverie ni une nostalgie. C'est du bon sens. Le fédéralisme est un outil qui, contrairement aux préjugés, offre un meilleur contrôle démocratique et plus d'efficacité dans l'action collective. Il respecte plus les prérogatives des États qui composeraient la fédération que l'Union européenne actuelle, laissée au bon vouloir des gouvernements nationaux. C'est la seule chance que l'Europe élargie survive et soit à la hauteur des défis et des promesses.*

Une autre erreur fatale a été de croire que l'Occident s'était débarrassé du pire après la chute du mur de Berlin et l'effondrement de l'URSS. Si la mondialisation a été un progrès à l'échelle de la planète, elle a accentué des inégalités et suscité une grande désorientation chez beaucoup de gens. Une partie des sociétés se sentent lésées, ne comprennent plus la dynamique, ressentent une insécurité : que cela soit réel ou ressenti, ça ne change rien car cette perception est une réalité. À partir de là, les forces politiques traditionnelles ont perdu la main. Cela a permis l'émergence des différents populismes qui, face à ce vaste sentiment de dépossession, jouent sur la magie du « y a qu'à » : y a qu'à revenir à la souveraineté nationale, y a qu'à faire payer les riches... Dans ce genre de situations, l'histoire l'a montré, les sociétés ont des tendances régressives. On est en plein dedans. L'élection de Trump est un révélateur. Elle accélère la remise en question de l'ordre mondial au moment où l'Union européenne est faible, où la France est faible, où l'Allemagne est faible.

L'ex-Dany le Rouge a-t-il joué un rôle dans ce déclin de la démocratie ? Si la revendication des libertés individuelles a pu en venir à provoquer un tel retour au nationalisme, au conservatisme, aux formes d'autorité contestées dans les années 1960, peut-on voir la révolution de 68 comme une bombe à retardement contre la démocratie ?

C'est très drôle cette question. Cela suggère qu'il y aurait des forces occultes qui contrôleraient en permanence les évolutions ou les ruptures dans les sociétés. Ces mouvements de libération des individus dans les années 1960 ont eu lieu non seulement en France, mais dans le monde entier. En Europe et aux États-Unis, la modernisation économique et industrielle des Trente Glorieuses ne correspondait plus au conservatisme de la société. C'est ça qui a explosé. De même que l'autoritarisme communiste avait provoqué les révoltes en Pologne et dans d'autres pays de l'Est, de même que l'autoritarisme du capitalisme avait engendré les révoltes que l'on a connues en Occident, de Paris à Berlin en passant par les États-Unis, le tout enrobé par l'opposition à la guerre du Vietnam jugée immorale, les années 1960 ont été une réponse à l'autoritarisme existant dans les années 1950. C'était un moment de rupture historique, une révolte des générations nées après 1945 qui ne voulaient plus vivre selon le modèle d'avant-guerre, et le phénomène était planétaire.

Demander si on a été trop loin en 68, c'est une fausse question : ça a été là où ça a été ! À partir du moment où ces sociétés se sont émancipées, des tas de théories et d'idéologies ont fleuri et on ne les a plus maîtrisées. Bien sûr que tout n'a pas été constructif. Les alternatives au capitalisme proposées par les révoltés de 68 ressemblaient plutôt au socialisme ou au communisme des années 1930 et c'est peu dire qu'elles n'étaient pas à la hauteur des émotions. Quand tu avais des forces maoïstes, par exemple, qui en guise d'alternative aux démocraties en crise proposaient la révolution culturelle, donc le totalitarisme, il fallait faire une gymnastique intellectuelle incroyable pour se convaincre que l'avenir des intellectuels était de se retrouver de force dans des rizières.

Alors oui, des expériences ont été trop loin en mai 68 et elles se sont mises en porte-à-faux avec l'intention de départ, car quand une dynamique est lancée, personne ne la contrôle. Alors oui, la dynamique libératoire de 68 a été au bout de ses espoirs et de ses contradictions et a fini par se cogner la tête contre des murs, c'est vrai. Et aujourd'hui il y a un véritable rollback, *une culbute arrière réactionnaire conservatrice qu'on peut voir comme une réponse lointaine aux années 1960. Dans dix ans, tu me demanderas si ceux qui portent cette réponse n'ont pas été trop loin, et je te dirai : ben oui, mais personne ne le contrôlait. Les sociétés sont contradictoires et parfois victimes de pulsions autodestructrices. On doit se battre pour limiter les dégâts.*

Mais le soixante-huitard, aujourd'hui, c'est Elon Musk ! Le libertarianisme est passé du côté des conservateurs. T'attendais-tu à ce que la droite trumpiste s'empare de ce qui était l'apanage de la gauche et de son « Il est interdit d'interdire » ?

En 1968, le « Il est interdit d'interdire » était une remise en question des interdits, pas leur négation pure et simple. « Il est interdit d'interdire » signifie aussi « Il est interdit d'interdire d'interdire ». Il est interdit de tuer. Il est interdit de battre sa femme. 1968 intro-

duisait un questionnement de l'interdit, quand le trumpisme-muskinisme assène la négation des règles, des garanties, des lois. Le libertarianisme revu par Musk est une droite fascisante qui vise à détruire toute les institutions de la démocratie.

Tu as 80 ans et ma fille, Noémie, en a 23. Elle fait partie d'une génération pour qui la chute du mur de Berlin n'a pas suscité les espoirs qui furent les nôtres et pour qui le combat pour les démocraties libérales et parlementaires n'est pas prioritaire et n'est même plus primordial. Elle pointe les défaillances de la démocratie occidentale et les infidélités à ses propres principes. L'autre jour elle te disait : « Ma génération ne conteste pas les principes de la démocratie, mais ce qui ne va pas, c'est qu'on présente comme "supérieur" un système dont les États-Unis sont considérés comme le modèle alors qu'ils ont mené une guerre illégale en Irak et qu'ils laissent inconditionnellement Israël raser Gaza. Moi, ce que je vois de la démocratie, c'est tout ce qu'elle tolère du haut de sa supériorité : les banlieues transformées en ghettos, l'échec de l'intégration, les discriminations, l'antisémitisme, l'islamophobie... » Qu'est-ce que tu lui réponds ?

Je lui dis : Noémie, je comprends ta réaction. Mais la démocratie reste le seul système sur la planète où l'on puisse s'opposer à ce que tu dénonces légitimement. Peut-on être de gauche et soutenir les régimes antidémocratiques du « Sud global », simplemenι parce qu'on s'oppose à l'impérialisme américain ? Le Sud global instrumentalise les luttes de libération nationale pour masquer la réalité de ses échecs et la répression des oppositions au pouvoir. L'exemple de l'Algérie est flagrant. Une caste militaire s'est appuyée au fil des années sur l'aura de la libération du colonialisme français pour ériger un pouvoir militaire totalitaire. Jouant avec le feu, il a permis à l'islamisme de s'imposer comme une culture musulmane de libération contre la culture coloniale française. En fin de compte, le peuple algérien s'est trouvé écartelé entre l'armée et les islamistes. Non seulement leur affrontement a été sanglant, mais il a tué toutes les velléités d'émancipation démocratique des Algériens. Les idéologues du post-colonialisme en vogue nous expliquent que soixante ans après l'indépendance, les problèmes des Algériens sont toujours liés à la colonisation. La vérité est que les États décolonisés recréent une structure aussi répressive que l'étaient les colonies. Et que les systèmes économiques des pays libérés sont pires que le capitalisme.

Oui, l'échec des politiques d'intégration, la ghettoïsation des immigrés ont favorisé l'éclosion d'un séparatisme communautaire musulman avec, en son sein, l'émergence pour une petite minorité d'un terrorisme islamique. Quand une religion – n'importe quelle religion – devient l'essence identitaire d'une communauté, elle détruit tous les désirs de liberté et d'autonomie, donc de démocratie. L'idéologie post-coloniale d'aujourd'hui s'avère aussi néfaste que les théories pseudo-révolutionnaires tiers-mondistes d'antan. Noémie, la démocratie a abîmé l'idée de liberté, c'est vrai. Mais le problème n'est pas que la démocratie soit infidèle à ses principes. Il est que pour pouvoir condamner la démocratie, on a besoin de la démocratie. Peut-on être de gauche et soutenir les régimes féminicides des pays du Sud global simplement parce qu'on s'oppose à l'impérialisme américain ?

Mais les démocrates – sociaux-démocrates, sociaux-libéraux, écolo-démocrates et autres partisans de la démocratie libérale et parlementaire – n'arrivent pas à proposer un contre-modèle au populisme. J'entends monter avec la victoire de Donald Trump un « aquoibonisme », à droite et à gauche : pourquoi redouter davantage un illibéral à la Trump qu'un démocrate vertueux comme Biden qui a laissé faire les guerres, réinstallé les talibans à Kaboul, prouvé son impuissance face à Poutine comme à Netanyahou, ou qu'un Obama qui s'est dégonflé face aux armes chimiques de Poutine et Assad ? Pourquoi craindre que Trump bafoue l'État de droit, quand la justice populaire se rend désormais sur les réseaux sociaux et non plus dans les tribunaux – et on pourrait continuer la liste ?

Avec la victoire de Trump, on ne peut plus tourner autour du pot : on se croyait sortis du siècle du totalitarisme, on est entrés dans celui du populisme. Le dynamisme électoral est de ce côté. Nous vivons un moment historique anxiogène où chacune et chacun peut trouver un événement justifiant son angoisse ou ses craintes. Pandémie, guerres, attentats, catastrophe climatique, insécurité, menaces sur les acquis sociaux... Le trumpisme-muskinisme est fait pour répondre à ces peurs et pour déconstruire la complexité du réel. Vous avez peur de l'immigration ? Nous avons la solution : la remigration. Vous subissez et détestez toute réglementation écologique ? Pas de problème : on va vous en débarrasser puisqu'elles entravent le fonctionnement du capitalisme libéral et que le réchauffement climatique est un leurre. Vous avez peur du chômage ? Aucune inquiétude : notre politique de remigration va libérer le marché du travail. Vous, les hommes, vous vous sentez dépossédés de votre pouvoir ancestral ? Soyez sans crainte : nous allons remettre de l'ordre dans une société malmenée par le terrorisme culturel des boomers de 68.

Comment répondre à ce tsunami simplificateur et incroyablement efficace ? Comment reprendre le pouvoir avec des arguments rationnels quand Elon Musk a les moyens de faire avaler une rumeur par des milliards d'individus sur la planète ? Voilà notre défi. Voilà où nous en sommes.

La social-démocratie n'est pas ma tasse de thé. Je n'ai jamais été social-démocrate, même si j'ai soutenu Michel Rocard parce qu'il pensait intelligemment une coalition nécessaire entre l'écologie qui émergeait et une social-démocratie qui se transformait. Je soutiens une politique qui se pose la question de la protection de la planète par une économie durable et pas seulement efficace. La gauche sociale-démocrate, telle qu'elle est incarnée aujourd'hui, n'a rien compris à la transition écologique. Les forces qui la composent aujourd'hui n'ont qu'une idée : sauve-qui-peut mes sièges à l'Assemblée. Non pas un projet de transformation de la France mais un comptage des sièges dont le nombre symbolisera leur petit pouvoir. Avec cette logique de comptable, qui est la même à droite, on aura un deuxième tour Le Pen – Mélenchon, et dans ce cas une victoire assurée de Le Pen… mais une personnalité de la droite républicaine peut toujours émerger et s'imposer au deuxième tour. À l'heure actuelle, il paraît impensable qu'un candidat de gauche, quel qu'il soit, puisse emporter la prochaine élection présidentielle. La gauche doit viser 2032 et entretemps, penser une coalition entre le centre et la gauche réformiste en redéfinissant son réformisme social-écologique. Ce qui nécessite une refonte radicale de son logiciel. Aujourd'hui, mettre l'imagination au pouvoir consisterait à panacher les pensées et les pratiques de Rocard et de Habeck pour relever les défis du XXIe siècle.

Jean-Louis Bourlanges, ton ancien collègue du MoDem au Parlement européen, a écrit en octobre 2023 : « À 77 ans, je crains de quitter un monde où tout ce que j'ai aimé, souhaité, où tout ce pourquoi je me suis battu, aura disparu. » Que dit Dany l'optimiste aujourd'hui ?

Il dit : « L'imagination au pouvoir. » C'est le slogan de Mai 68 qui m'a le plus marqué. Je ne le pense plus au sens utopique de l'époque – rêver d'un autre monde, dépasser la démocratie libérale pour s'envoler vers une société autogérée où l'exploitation de l'homme par l'homme serait remplacée par la solidarité, la liberté et l'envie d'égalité. « L'imagination au pouvoir », dans le contexte d'aujourd'hui, c'est ce qui me permet de penser et d'avancer, de me libérer des modes et des idéologies toutes faites, des blocages partidaires et réducteurs. C'est mon instrument à moi pour me dépasser intellectuellement, me confronter à des réalités parfois déconcertantes, blessantes, émouvantes. Avec bien sûr le risque de me perdre dans mes propres contradictions, mes pulsions, de prendre mes désirs pour la réalité, de voir mes rêves politiques devenir des mirages ou des cauchemars.

J'avoue qu'après un printemps, un été et un début d'automne 2024 politiquement calamiteux et maussades, après des élections européennes marquées par les succès des souverainismes passéistes, après l'écroulement catastrophique de la sphère politique française liée à une dissolution macronienne non seulement intempestive mais politiquement suicidaire et paralysante, vu l'état des forces politiques, après des élections régionales en Allemagne confirmant l'effondrement d'une coalition gouvernementale incapable de trouver des compromis rassurants, après la victoire du trumpisme et l'échec de Kamala Harris, après, après, après… je l'avoue : mon imagination bégaie. Mais comme nous n'avons plus le temps de bégayer, mon imagination se tourne vers l'Europe.

J'ai l'impertinence de remettre l'Union européenne au centre d'un projet politique. Que l'on se projette dans une social-démocratie rénovée ou une social-

écologie à inventer, l'Europe est maintenant le seul continent démocratique de la planète où l'on continue à défendre la liberté et l'État social. Si je reste optimiste, c'est que malgré toutes ses pannes et ses contradictions, la fédération de ces nations démocratiques est la seule réponse possible à tout ce qui nous menace.

Je ne peux pas m'empêcher de penser à cette observation caustique que l'on prête au cinéaste Billy Wilder : « Quand tout allait mal, les Juifs pessimistes sont allés aux États-Unis et les Juifs optimistes se sont retrouvés à Auschwitz. » Autrement dit : l'optimisme est-il toujours le meilleur conseiller ?

Je vous réponds, à Billy et à toi : l'optimisme n'est pas défini par un lieu mais par une volonté politique. J'ai la certitude que l'on peut toujours faire émerger un projet libérateur. Et vu l'état du monde, de la Russie à la Chine en passant par les États-Unis, ce projet ne passe que par l'Union européenne.

Je suis comme Sisyphe et heureux de l'être : je remonte en permanence la pierre européenne. Elle est autant minée de l'intérieur que menacée de l'extérieur mais elle reste la seule utopie réaliste. La droite républicaine doit comprendre que son idéal de nation souveraine implose face aux superpuissances planétaires. La gauche républicaine doit aussi comprendre que tout idéal révolutionnaire national sera lui aussi balayé par les populismes planétaires. Seule l'Union européenne possède la masse critique suffisante pour relever les défis de l'avenir : la lutte contre le réchauffement climatique qui menace la planète, la maîtrise de toute modernisation technologique, la défense d'une organisation multilatérale de l'ordre planétaire, la défense de notre souveraineté contre tous les impérialismes, la défense d'un ordre mondial égalitaire.

*Nous, Européens, devons reprendre à notre compte l'idéal onusien de la Déclaration universelle des droits de l'homme. Nous, Européens, devons comprendre que tout idéal de justice sociale ne peut se réaliser que protégé par la force et la dynamique d'un marché européen fortifié par de grands groupes industriels communs, et d'une défense autonome puissante. Ce qu'il nous faut, c'est de l'imagination. Notre liberté et notre autonomie dépendent de notre imagination politique, sociale et culturelle alors que les populismes menacent cette idée qui tient en trois mots tout simples : liberté, égalité, fraternité. Mais c'est l'*Ode à la joie *de Beethoven qui incarne aujourd'hui l'espoir républicain, bien mieux que* La Marseillaise. *Autant il était prétentieux de vouloir révolutionner le monde, autant il serait irresponsable de ne pas vouloir le réformer pour le rendre juste et plus humain. L'Europe fédérale ou la barbarie ! Le pessimisme ne sert à rien. L'optimisme, lui, peut être aussi contagieux qu'un sourire !*

Table

Des mêmes auteurs

Livres de Daniel Cohn-Bendit :

Le Gauchisme, remède à la maladie sénile du communisme, avec Gabriel Cohn-Bendit, Seuil, 1969

Le Grand Bazar, Belfond, 1975

Nous l'avons tant aimée, la Révolution, Éditions Bernard Barrault, 1986

Petit dictionnaire de l'euro, avec Olivier Duhamel et Thierry Vissol, Seuil, 1998

Une envie de politique, avec Lucas Delattre et Guy Herzlich, La Découverte, 1998

Forget 68, avec Stéphane Paoli et Jean Viard, Éditions de l'Aube, 2008

Que faire ?, Hachette, coll. « Tapage », 2009

La Gouvernance en révolution(s) (entretien), Charles Léopold Mayer, 2012,

Debout l'Europe !, avec Guy Verhofstadt, André Versaille éditeur, 2012

Pour supprimer les partis politiques !? Réflexions d'un apatride sans parti, Indigène éditions, 2013

L'Humeur de Dany, Robert Laffont, 2014

Et si on arrêtait les conneries ?, avec Hervé Algalarrondo, Fayard, 2016

Sous les crampons la plage. Foot et politique : mes deux passions, avec Patrick Lemoine, Robert Laffont, 2018

Français mais pas gaulois. Des étrangers qui ont fait la France, avec Patrick Lemoine, Robert Laffont, 2023

Livres de Marion Van Renterghem :

Les Rescapés, Philippe Rey, 2005

Homère et Shakespeare en banlieue, avec Augustin d'Humières, Grasset, 2009

FOG, Don Juan du pouvoir, Flammarion, 2015

La Dangereuse, avec Loubna Abidar, Stock, 2016

Angela Merkel, l'ovni politique, Les Arènes, 2017, prix Simone Veil

Mon Europe, je t'aime moi non plus, Stock, 2019

C'était Merkel, Les Arènes, 2021

Le Piège Nord Stream, Les Arènes, 2023

Imprimé en France par CPI
en mars 2025

NORD COMPO
multimédia

Composition et mise en pages
Nord Compo à Villeneuve-d'Ascq

Dépôt légal : mars 2025
N° d'édition : 647035-0
N° d'impression : 182894